AF329791

LES
MERVEILLES DE LA NATURE

EN FRANCE

OU

LA DESCRIPTION PARTICULIÈRE

D'APRÈS CERTAINS AUTEURS

DES CURIOSITÉS NATURELLES QUE RENFERME LA FRANCE

PAR

L. N. SIMONOT

PARIS

CHEZ L'AUTEUR

PASSAGE DE L'INDUSTRIE, 17 (Xᵉ ARRONDISSEMENT)

LES

MERVEILLES DE LA NATURE

EN FRANCE

PARIS. — IMP. ED. BLOT, RUE SAINT-LOUIS, 46.

MERVEILLES DE LA NATURE

EN FRANCE

OU

LA DESCRIPTION PARTICULIÈRE

D'APRÈS CERTAINS AUTEURS

DES CURIOSITÉS NATURELLES QUE RENFERME LA FRANCE

PAR

L. N. SIMONOT

PARIS

CHEZ L'AUTEUR

PASSAGE DE L'INDUSTRIE, 17 (Xᵉ ARRONDISSEMENT)

1863

LES

MERVEILLES DE LA NATURE

EN FRANCE

AIN.

Grottes de Balme. — Ces grottes sont situées au pied du rocher de *Pierre-Châtel*, en Bugey. Quand un voyageur désire les visiter, il doit être muni d'un flambeau, pour en parcourir les vastes détours. On y pénètre par une rampe très-rapide, taillée en zigzag, et, dans l'intérieur, on découvre des voûtes de différentes coupes : en dôme, en berceaux, à arcs-doubleaux, quelques-unes à clefs pendantes ; elles sont toutes ornées d'une infinité de bas-reliefs et de stalactites plus ou moins allongées. Les parois et le plancher sont décorés de stalactites brillantes de formes variées. Ici, c'est une broderie légère ; là, des ramifications saillantes, des feuilles entrelacées avec autant d'art et d'élégance que pourrait le faire l'artiste le plus intelligent; plus loin, ces stalactites représentent des ornements dans le goût gothique, des groupes, des pyramides d'inégales grandeurs, des amas de cylindres terminés par des aiguilles taillées à six pans, comme celles de cristal de roche ; enfin, on y rencontre toutes les variétés accidentelles qu'offrent les grottes les plus renommées.

Le cours de l'Ain. — Quoique l'Ain ne soit pas une des principales rivières de France, elle est néanmoins remarquable sous bien des rapports. Nous donnerons quelques détails de sa source, de son cours et des particularités qui la font remarquer, telles que les nombreuses chutes, les sites pittoresques qui ornent ses bords.

En sortant du village de Sirod, on passe quelques monts, et, après une heure de marche, on se trouve au-dessus d'un précipice en cul-de-sac formé par deux montagnes très-rapprochées, ou plutôt par une montagne dans laquelle s'est faite une échancrure de deux cents mètres de profondeur, taillée perpendiculairement par la nature ; elle est si étroite que la lumière y pénètre à peine. Pour parvenir au fond de cette gorge, excursion qui est assez dangereuse, il faut aller cent mètres plus loin et descendre la côte, toujours très-rapide, en se suspendant aux arbrisseaux qui y croissent ; on arrive alors à un rocher saillant, qui forme une banquette naturelle autour du gouffre. On peut tourner tout alentour, ce qui cependant ne se fait pas sans péril, car les bords sont très-glissants, à cause de leur humidité continuelle, et les parois du gouffre descendent aussi perpendiculairement que celles d'un puits. L'eau a la transparence du cristal ; on voit très-distinctement les pierres que l'on y jette descendre à une profondeur considérable ; le mouvement qu'elles font à la surface de l'eau est déjà calmé qu'on les voit encore descendre.

Les eaux ne commencent à couler qu'à vingt pas plus bas. Entre le gouffre et la naissance de la source est un terre-plein couvert de gravier, sur lequel on marche, en été, comme dans une chambre. Quoique pendant une partie de l'année les eaux de la source se confondent avec celles du gouffre, elles n'en sortent pourtant pas directement. En suivant successivement les deux bords de la gorge, on voit une multitude de sources qui naissent du côté gauche, au bas de la montagne, et qui fournissent à la rivière même, pendant les grandes sécheresses, une quantité d'eau si abondante qu'elle peut porter bateau à deux cents mètres du gouffre. Un quart de lieue plus bas, on ne soupçonnerait jamais que la source de cette rivière est aussi proche. Plusieurs sources, après être descendues de la côte, s'absorbent dans le gravier.

On voit aussi dans cet endroit une cascade large de dix pieds et haute de cent vingt ; elle est formée par la chute des eaux pluviales et des neiges fondues qui se réunissent sur les hauteurs éloignées.

Après avoir reçu le torrent de la commune de Nozeroy, l'Ain coule dans une gorge très-resserrée, ayant à droite le mont de *Château-Villain*, et à gauche, deux autres montagnes fort élevées, dont la plus haute porte le nom de *Côte-Poire*, à cause de son pic, qui, considéré du vallon, a la forme d'une poire. Entre ces deux montagnes, la rivière tombe sur une esplanade et offre dans sa chute une nappe d'eau de cinquante pieds de haut et de plus de cent trente pieds de large, plus ou moins écumante ou tumultueuse, et, par conséquent, d'une beauté plus ou moins horrible, selon l'abondance des eaux.

Au-dessus de la cascade, l'Ain se trouve entièrement recouvert par les roches. C'est au-dessous de ces roches, détachées des montagnes, que passe le fleuve, comme à travers un grand aqueduc. Quand les eaux sont très-basses on peut y pénétrer ; mais la prudence exige qu'on n'y passe qu'en se traînant sur les mains et sur les genoux.

Avant d'entrer dans l'aqueduc naturel dont nous venons de parler, l'Ain se détourne par un angle droit et forme une espèce de puits triangulaire de quatre-vingts pieds de large ; trois montagnes, unies par la base, s'élèvent alentour ; l'une, qui n'est qu'une roche nue et stérile et qui porte sur son sommet les *misérables* chaumières (ce mot devrait être rétracté aujourd'hui) du bourg de Sirod, contraste avec les deux autres, couvertes de grands sapins entremêlés de hêtres et d'autres arbrisseaux.

Transportez-vous en imagination au pied de ce majestueux précipice : en vous tournant vers la source de la rivière, vous avez sa chute à votre gauche ; à droite, est un torrent dont les eaux transparentes et claires comme le cristal, après être descendues des coteaux à travers la mousse et le gazon, sont englouties par l'Ain et disparaissent avec lui dans l'abîme.

Après avoir reçu les eaux du torrent, l'Ain se resserre et passe rapidement, de chute en chute, entre les montagnes ; l'eau se précipite avec un énorme fracas et se couvre d'écume. Ces chutes se renouvellent vingt fois, en faisant mugir les cavernes où le torrent s'engouffre, et les rochers qu'il mine ; ce n'est plus qu'un bouillonnement continuel, accompagné d'un bruit épouvantable ; le torrent frappe, en écumant, les rochers avec une telle fureur qu'on dirait qu'il veut forcer sa prison ; les pièces de bois qu'il entraîne lui servent d'instruments pour ébranler les flancs des monts. Tour à tour lancés ou repoussés avec la plus grande vio-

lence, ces bois s'engloutissent, reparaissent, se heur-
tent, coulent et disparaissent enfin dans le gouffre.
Là, les eaux se perdent absolument de vue; elles
passent sous les roches brisées, comme nous l'avons
dit plus haut, et ne reparaissent que cent pas plus
loin, à la sortie de cet aqueduc naturel.

La rivière s'échappe par deux bouches de vingt
pieds de large sur six de haut; ce sont deux torrents
d'écume qui se confondent à l'instant et se jettent
en masse, par une chute de trente pieds, avec une
telle fureur, qu'une partie de leurs eaux rejaillit à
plus de trente pieds au-dessus de la chute et forme
une pluie qui, de loin, ne paraît qu'une sorte
de fumée.

Le torrent est resserré encore une fois par les rochers, et se précipite enfin dans le grand amphithéâtre, où il forme cette nappe d'eau, d'écume et
de vapeur dont nous avons fait mention. Impétueux
et menaçant, il s'étend de tous côtés; vous craignez
qu'il ne renverse à l'instant même les bâtiments
qui l'avoisinent.

Cette chute, une des plus belles des montagnes
du Jura, ne cesse en aucun temps; mais elle
éprouve, comme nous avons dit, des variations
extrêmes. Quand il ne gèle pas dans la mauvaise
saison, elle développe constamment son effrayante
beauté; dans la saison des chaleurs, elle n'est pas

aussi terrible, mais elle éprouve des changements subits : une pluie légère, souvent même un orage qui a éclaté ailleurs, réveille, au moment qu'on s'y attend le moins, toute la fureur du torrent ; peu d'heures après, il est aussi calme qu'auparavant.

L'Ain, ensuite, coule à travers de vastes plaines, jusqu'au *port de la Siez*, où le rocher, coupé perpendiculairement, fait tomber les eaux de la rivière d'une hauteur de cinquante pieds, sur une longueur de quatre cents. C'est vraisemblablement une des plus belles cascades de l'Europe.

A la fin de l'été, quand les eaux sont basses, on peut se promener, avec précaution toutefois, sur ce rocher, qui, s'élevant presque à la hauteur des bords, interrompt le cours de l'eau jusqu'au *Pont-de-Poële*, et force la rivière à lutter, en murmurant, contre les crevasses et les fissures de la pierre. Ces cavités offrent mille baignoires très-bien taillées ; mais quand les pluies d'hiver ou la fonte des neiges ont surchargé la rivière, les eaux deviennent une mer agitée qui passe par-dessus le rocher et se précipitent dans le lit inférieur, en remplissant l'air de vapeur et en le faisant retentir de terribles mugissements. C'est à partir de ce point que la rivière devient navigable. Quoique l'Ain, dans son cours tortueux, ait déjà parcouru quinze lieues, et que son lit soit, dans certains endroits, assez profond pour porter bateau, l'inégalité de ce lit et la multitude de ses chutes ne permettent pas d'y naviguer avant le port de Siez.

ALPES (Hautes-).

Cascade de la Biaisse. — La Biaisse est une petite rivière aux bords pittoresques, dont le saut le plus remarquable de son cours est situé sur le territoire du hameau de Dormilhaise, dépendant de la commune de Freissinière, dans le canton de Guillestre, à trente-un kilomètres d'Embrun. Un sentier y conduit, à travers d'affreux précipices que l'œil du voyageur ne mesure qu'avec une admiration mêlée de terreur. Vers le milieu de la montagne, la rivière de Biaisse se précipite avec fracas au-dessus de la tête des voyageurs ; l'arc qu'elle décrit, en tombant d'un rocher taillé verticalement et dont la hauteur est de plus de quatre cents mètres, les préserve d'être engloutis par la chute de cette masse d'eau. La rivière, en tombant entre eux et le soleil, voit ses eaux se décomposer et offrir le perpétuel spectacle des mille couleurs de l'arc-en-ciel. A travers la nappe d'eau qui couvre la montagne, l'œil surpris cherche en vain le chemin qu'on a tenu; il voit la rivière s'abîmer dans le gouffre qu'elle a creusé elle-même par sa chute, sortir en bouillonnant, couverte d'une blanche écume, et fuir rapidement, en mugissant à travers les rochers.

ARDÈCHE.

Les rochers de Ruoms. — Ruoms est un bourg peuplé d'environ mille habitants, situé dans le canton de Vallon, à treize kilomètres de Largentière. Les environs de ce bourg présentent un phénomène unique en France : c'est un assemblage ou un amas de rochers et de pics qui sont tous dans le désordre le plus singulier. De tous côtés on ne voit que des masses énormes coupées, mutilées plus ou moins, isolées les unes des autres; on admire encore davantage des espèces d'auges creusées dans le rocher fondamental qui supporte toutes ces masses. Ces auges, qu'on rencontre de toutes parts, ont une sorte de régularité qui attire surtout l'attention; ce sont de grandes sphères concaves, des creux, des figures ovales formées dans le marbre, des enfoncements de quatre, six et huit pieds de profondeur.

Rien n'est ici l'ouvrage de l'art; nulle part on ne voit le travail de l'homme; tout est ordonné avec tant de soin par la nature, et ces enfoncements sont si polis, qu'on ne saurait concevoir que les hommes aient jamais passé leur temps à produire ces merveilles dans des déserts. On ne peut pas même imaginer que ces creux aient été ainsi formés par le moyen d'un corps étranger qui aurait été ensuite tiré de ces moules, car on en trouve plusieurs qui ont plus de capacité que leur ouverture.

Mais ce qui est encore plus singulier et plus admirable que ces deux objets, ce sont les roches cubiques du même canton. Ici, la régularité et l'ordre succèdent à la confusion qu'on remarque ailleurs : de toutes parts, on voit des blocs de marbre s'élever au-dessus de l'horizon; ils ont quatre et quelquefois cinq faces, et pour fondement, un grand rocher, avec lequel ils ne font qu'un seul et même corps. On voit des cubes d'une hauteur de vingt à trente pieds, d'autres de quatre à cinq; quelques-uns en ont vingt de diamètre, d'autres, moins encore. Leur distance varie autant que leur grandeur et leur grosseur; tantôt ils sont éloignés les uns des autres d'environ trois pieds, tantôt de douze et tantôt de quinze à vingt et au delà. On y voit de lourdes masses posées sur un petit piédestal de même nature, mais rongé vers sa base; on en voit d'autres qui sont renversées; un de leurs angles les soutient sur le grand rocher fondamental; le reste de la masse est appuyé sur l'autre partie du cube qui s'est maintenue en place sans se détacher de la base.

La chute de l'Ardèche. — Parmi les rivières qui viennent grossir le Rhône, l'*Ardèche* tient le premier rang. Elle est formée par trente ruisseaux qui se réunissent dans les bas-fonds du Vivarais. Un grand nombre de ces ruisseaux, en se précipitant de cascade en cascade des pics supérieurs des montagnes, offrent de tous côtés des vues pittoresques ; mais elles le cèdent toutes en beauté à celle que présente l'Ardèche à l'endroit où ses eaux descendent d'une pente presque perpendiculaire et dans le voisinage d'une cascade qui se jette du haut d'une roche basaltique appelée le *Ray-Pic*, élevée de vingt toises (quarante mètres) au-dessus du bassin creusé par la chute. On peut faire le tour de ce bassin et passer sans crainte entre la roche et l'énorme colonne d'eau qui s'engouffre avec fracas dans ce précipice.

Pendant le froid le plus rigoureux de l'hiver, l'eau de ce bassin se gèle ; on voit même la colonne d'eau former une croûte de glace qui s'élève, à mesure que le froid augmente, jusque vers le haut de la roche d'où l'eau se précipite. C'est une espèce de manteau qui environne la colonne et que le dégel fait tomber ensuite à grand bruit vers le bas de la montagne ; il entraîne avec lui les arbres les plus forts et quelquefois les chaumières des infortunés que le besoin et la misère relèguent dans ces tristes climats.

Le Pont d'Arc. — C'est la seconde singularité qu'offre la rivière d'Ardèche dans le Vivarais. Pour avoir une idée nette de cette merveille, il faut se représenter deux hautes montagnes coupées à pic, resserrant à droite et à gauche la rivière d'Ardèche. Ces deux montagnes servent de fondement à un pont naturel formé d'un seul roc, ouvrage majestueux qui s'élève au-dessus des eaux presque à la hauteur de deux cents pieds. L'ouverture du pont d'Arc offre une voûte, la plus hardie peut-être qui existe dans le monde ; elle est haute de trente mètres depuis la clef jusqu'au niveau moyen de la rivière ; sa largeur, prise d'une pile à l'autre vers le fondement, est de cinquante-quatre mètres. Quoique cette voûte soutienne une énorme montagne par ses proportions géométriques, elle porte en l'air tout ce fardeau, au grand étonnement du spectateur.

Il est certain que la nature a fait les frais de ce magnifique monument. On a découvert qu'anciennement le lit de la rivière ne passait pas au-dessous de ce pont, mais que ces eaux refluaient à côté d'une des montagnes qui en forment la base, et où l'on voit encore une longue et profonde vallée circulaire.

Il est donc à présumer que, par la suite, les eaux, après avoir miné longtemps la partie inférieure du roc, sont parvenues à le percer et à s'y frayer un passage ; mais on ignore si la main de l'homme n'est pas venue ici au secours de la nature pour rendre facile, à l'aide de ce pont, le passage de la rivière. Jadis un fort protégeait ce pont ; il fut détruit par ordre de Louis XIII. Enfin, ce passage périlleux, que les plus hardis voyageurs osent à peine entreprendre en plein jour, est traversé tranquillement par les chevriers, même pendant la nuit.

On remarque tout auprès quelques cavernes remplies de stalactites et de coquillages. On frémit d'horreur, dans ces lieux sombres et solitaires, lorsqu'on pense qu'ils ont servi de retraite aux religionnaires pendant les guerres civiles, et qu'ils ont été le théâtre de cruautés inouïes, ainsi que le pont même.

La Grotte de Valon. — Parmi les grottes du Vivarais, pays si fertile en merveilles, celle de Valon mérite une description particulière à cause des variétés de stalactites et d'un grand nombre de curiosités que cette caverne présente.

On emploie une heure à y parvenir, et l'on arrive au pied de la montagne, vers le sommet de laquelle on trouve l'entrée des grottes. On y parvient avec beaucoup de difficultés et de peines, à cause de la rapidité du penchant ; mais lorsqu'on est arrivé à l'entrée des grottes, situées à près de cent mètres au-dessus du niveau de la rivière ou de la base de la montagne, on observe, au-dessus de l'entrée, une roche coupée à pic : c'est l'énorme carrière horizontale de pierre calcaire grisâtre qui sert de toit à la grotte souterraine.

Après avoir fait quelques pas dans les grottes, on observe de loin plusieurs stalactites gigantesques, en forme de pyramides, qui paraissent fuir au loin dans ces lieux obscurs.

On voit un beau corridor d'une largeur variée depuis dix jusqu'à trente mètres, qui se subdivise en plusieurs petites avenues latérales. La plupart sont creusées en pentes et vont aboutir à des tribunes supérieures semblables aux chaires des églises. Les allées sont ornées de stalactites très-blanches, sculptées, la plupart en relief, et remarquables par leurs formes singulières. Ces stalactites pyramidales méritent réellement une place distinguée parmi les plus magnifiques productions de la nature ; elles ont plus de six pieds d'élévation à peu près sur quatre à cinq de diamètre vers la base. Les unes et les autres ont une stalactite correspondante suspendue à la voûte, de manière que leurs aiguilles pointent l'une sur l'autre. D'autres fois, une colonne de la hauteur de la grotte est attachée à la voûte et au sol, ne faisant qu'une seule masse entourée de petites colonnes comme les piliers des églises gothiques.

ARIÉGE.

La Fontaine de Fontesbordes ou **de Fonsorbes.** — La fontaine de Fontesbordes est située dans le voisinage du bourg de Bélesta, peuplé de deux mille quatre cent cinquante-neuf habitants, dans le canton de Levalet, à trente-cinq kilomètres au sud-ouest de Foix. Cette source intermittente est une des plus curieuses que l'on connaisse ; elle s'échappe d'une excavation située à l'extrémité d'une chaîne de rochers, entre Bélesta et le village de *Fougas*. Dès son apparition, elle roule une masse d'eau suffisante pour mettre en mouvement plusieurs usines. Le Lers, auquel elle se réunit presque à sa naissance, n'est qu'un ruisseau auprès d'elle, car à son confluent avec lui elle a déjà une largeur de six mètres. Mais le phénomène le plus curieux et le plus intéressant que présente la mystérieuse fontaine est la singularité de ses intermittences. L'été est la saison où le fait se produit le plus généralement. Les eaux disparaissent alors pendant des intervalles réguliers de trente-deux minutes trente secondes et recommencent à couler pendant trente-six minutes trente-cinq secondes, pour s'arrêter encore, puis reparaître pendant le même espace de temps. Chaque fois, un bruit sourd et prolongé annonce le retour de l'eau. La pluie interrompt les intermittences, sa fréquence les supprime totalement pendant des années entières. Les orages ont fourni l'occasion d'observations plus curieuses encore. Le Lers s'enfle et déborde en moins de trois quarts d'heure ; l'effet ne se produit sur la source qu'après un délai de trente-six heures. De là on a été amené, en calculant, sur la vitesse des eaux, la distance franchie par elles, à supposer que la source pourrait bien être alimentée par les eaux de la plaine de Sault, située bien au delà des rochers de Fontesbordes.

AVEYRON.

La Montagne brûlante. — Cette montagne est située au nord-ouest de Cransac, dans le canton d'Aubin, à trente-quatre kilomètres au nord-ouest de Villefranche ; sa hauteur est d'environ cent trente-quatre mètres. A mi-côte, on voit une grande crevasse de forme elliptique, dont le grand axe se dirige du pied au sommet de la montagne, renfermant dix-

huit cratères groupés sur trois points. « Pendant le
jour, dit A. Monteil, le feu n'est pas apparent. Cette
trouée, bordée d'arbres d'un vert pâle et remplie de
pierres blanches calcinées ou de terre rouge brûlée,
présente de loin l'image d'une vaste plaie. Pendant
la nuit, le spectacle est effrayant pour ceux qui ne
sont pas familiarisés avec ce phénomène. En s'approchant de l'endroit où se montre le feu, on sent
la terre résonner sous ses pas ; si, bravant la fumée
et la forte chaleur qu'on éprouve à la plante des
pieds, on veut regarder dans les soupiraux, la vue
plonge dans des gouffres de braise dont l'incandes-
cence est très-vive. Les bâtons qu'on y enfonce sont,
au bout de quelques minutes, enflammés et souvent
brûlés. Lorsqu'on tente d'élargir l'orifice, on augmente la fumée et on fait jaillir des aigrettes de
feu. »

En terminant cette description, nous ajouterons
un mot sur Cransac. Cransac est un village fort ancien, célèbre par ses eaux minérales, déjà connues
à la fin du neuvième siècle. Ces eaux sourdent au
pied de montagnes arides, dont quelques-unes jettent des fumées noires ; mais il n'y a que deux
sources dont on fasse usage, la *haute* et la *basse*. La
haute est située en face du village, sur le penchant
d'une colline anciennement embrasée, et conserve
encore assez de chaleur pour échauffer des étuves

qu'on y a creusées ; la *basse* est dans le vallon, ses eaux, plus douces, sont d'un usage plus général. Chaque année, les eaux de Cransac sont très-fréquentées.

Les Caves-Grottes de Roquefort. — Roquefort est un petit village peuplé d'environ six cents habitants, situé à douze kilomètres au nord-est de Saint-Affrique, dans les flancs d'un rocher qu'on appelle *Combalou*. Ce rocher, dont la base est d'argile et le sommet de pierre calcaire coquillière, se fait remarquer au loin par sa masse et par son élévation de six cents mètres au-dessus du niveau de l'Océan. Au nord de ce rocher est un second plateau inférieur, plus irrégulier, composé d'énormes blocs entre lesquels la nature a laissé de grandes cavités recouvertes par la terre végétale que le temps y a formée. Vu de loin, on douterait que ce lieu fût habité, tant l'aspect en est sauvage et singulier ; on y fait cependant les meilleurs fromages de France. Roquefort compte au plus vingt-trois habitations, encore sont-elles pauvres et chétives, ce sont des grottes ou caves à deux, trois et même jusqu'à cinq étages. Ces caves, dit M. Bousquet, n'ont pas la même origine : dans les unes, la nature n'a eu besoin que d'être aidée afin de régulariser les murs et les voûtes ; dans les autres, des excavations ont été pratiquées pour en augmenter l'étendue ; il en est d'autres, enfin, qui ont reçu un grand développement par une maçonnerie adossée à l'ouverture, et, dans ces caves factices, on a renfermé l'atmosphère glaciale des caves naturelles, et l'on a forcé la nature à étendre ses bienfaits. Il y a, dans l'intérieur de ces grottes, des ouvertures souterraines et latérales ; aux parois sont appuyées des tablettes recouvertes de paille qui servent à recevoir les fromages. Un courant d'air glacial, sortant de soupiraux qui se perdent dans l'intérieur du roc, y souffle continuellement, ce qui fait que, même en temps de pluie, l'atmosphère y est toujours sèche. Après trois semaines, les fromages passent de la ferme des cultivateurs dans les caves de Roquefort, où, avec le temps, ils y acquièrent ce marbré, ce piquant agréable et cette qualité particulière qui leur valent cette juste renommée. Les meilleures de ces caves se louent fort cher dans le pays.

CANTAL.

Le Saut de la Saule — Cette cascade est une des plus curieuses de toutes celles que possède l'Auvergne ; elle est formée par la rivière de *Rue*, dans un site sauvage, à Saint-Thomas, bourg situé à peu de distance de la petite ville de Bort.

Rien de plus affreux que le site qui l'entoure ; c'est un amas de monticules d'un granit schisteux qui, de toutes parts, ne montrent que des pointes décharnées et des cimes arides. Le temps, auquel rien ne résiste, attaque peu à peu leur superficie ; il en détache de grandes écailles, sous les débris desquelles s'ensevelit leur base. Plusieurs d'entre eux, à leur sommet, portent quelques taillis maigres et des arbres rabougris. Sans cette apparence de vie et de végétation, la nature, dans ces lieux, paraîtrait morte, et l'on se croirait dans le désert le plus sauvage.

C'est à travers toute cette multitude de buttes hideuses qu'on parvient au *Saut de la Saule*. Quoique la Rue, à l'endroit du saut, soit resserrée entre des hauteurs, et que cette rivière soit considérable, surtout dans le temps de ses crues, cependant, malgré cet étranglement, son lit, encore fort large dans cet endroit, y suffirait pour son cours ; mais dans le canal s'élève une roche de granit longue de plusieurs centaines de pas et dont la tête, assez grosse pour le remplir et le fermer entièrement, est en même temps assez haute pour le dominer de beaucoup. L'eau ne pouvant, à cause de son encaissement, s'épancher d'aucun côté ni tourner le rocher, a été forcée de le franchir dans ses parties les plus basses, où elle s'est creusé un passage vers sa rive gauche. C'est dans ce court et large sillon qu'elle coule, pour tomber aussitôt par une chute de sept à dix mètres; c'est ce qu'on appelle le *Saut de la Saule*. La Rue a par elle-même une extrême rapidité, et le resserrement qu'elle éprouve à l'endroit de sa cataracte ajoute infiniment à sa violence. Là, elle se précipite avec une telle impétuosité, l'air qu'elle chasse est poussé avec une impulsion si forte que, plus de cinquante pas avant d'arriver au saut, l'on sent la brume qu'elle élève et le vent qu'elle produit. Cette rosée abondante est causée par des parties du courant qui atteignent certaines pointes saillantes du rocher, en sont repoussées à une grande hauteur et vont tomber dans les environs, divisées en molécules invisibles.

De ces commotions de l'air, de ces chocs de l'eau résultent un bruissement et un fracas qui retentissent au loin, et dont l'oreille est assourdie. La rivière elle-même, froissée et brisée en tous sens, tombe en écume. Le lit qu'elle s'est fait au-dessous de sa cataracte est très-profond; mais, arrêtée par les détours et les saillies de la roche à travers laquelle elle coule, elle paraît n'avoir plus de mouvement que pour tourbillonner. Sa force, quoique moindre en apparence, est néanmoins toujours la même; elle exerce contre les flancs du rocher l'action giratoire de ses tourbillons, et, ce qu'on aura peine à croire, c'est que, malgré la dureté du rocher, ils l'ont miné circulairement en profondeur comme l'eût pu faire une meule tournante, et qu'ils s'y sont pratiqué des enfoncements en forme de niches, dans lesquels ils tournent et creusent toujours. Plus loin, le lit s'agrandit de plus en plus; enfin il devient fort large. Mais la rivière, quoique beaucoup plus libre, n'avance néanmoins qu'en continuant de tourbillonner très-rapidement encore. A mesure qu'elle s'étend, son écume augmente en même temps sa surface à une distance très-considérable.

Dans le temps des grandes crues, la bouche du Saut ne suffit pas à l'écoulement de toutes les eaux qu'amène la Rue; une partie est refoulée par le rocher, elles refluent alors vers la rive droite, où elles trouvent une seconde ouverture, plus élevée et plus large que la première, par laquelle s'épanche le superflu de ces eaux. Ce bras ne fait point une cascade comme l'autre; il coule sur la roche et la parcourt dans sa longueur. Mais quoiqu'il ne la couvre qu'une partie de l'année, néanmoins il l'a rongée d'une manière étrange.

Dans certains endroits sont des niches latérales formées par les tournoiements d'eau, et dont quelques-unes ont jusqu'à six pieds de profondeur; dans d'autres, des sillons pareils à ceux que trace la charrue dans les champs. Ici, est un vaste bassin oblong qui, même après la fin des débordements, conserve encore deux à trois mètres d'eau ; là, de larges trous circulaires cavés perpendiculairement en forme de puits. On ne peut croire à leur existence que quand on les a vus ; et, pour se faire une idée de ce que pèut la force de l'eau en fureur, il faut visiter les lieux mêmes.

CHARENTE.

Cavernes de Rancogne. — Ces grottes ou cavernes existent dans les cavités des montagnes qui environnent le petit village de Rancogne, peuplé d'environ cinq cents habitants, canton de la Rochefoucauld, à vingt kilomètres d'Angoulême. L'entrée de ces grottes est située à quelques mètres au-dessus du cours de la Tardouère ; elle est sombre et basse, mais, après s'être avancé un peu, on se trouve dans des caveaux si vastes qu'on aperçoit à peine les voûtes, qui présentent mille formes variées. En suivant les issues, quelquefois étroites, des rochers, on parvient à des souterrains remplis de stalactites de différentes couleurs et de différentes natures, qui produisent à la clarté des flambeaux l'aspect le plus riant et le plus riche. Deux ruisseaux arrosent ces demeures souterraines ; l'un d'eux coule à une telle profondeur que le bruit de ses eaux rapides et brisées dans leur course ressemble aux vibrations de cloches mises en branle. La dimension exacte des cavernes de Rancogne n'a pas encore été déterminée; la température en est douce et égale.

CORRÈZE.

La Cascade de Gimel. — Près de Gimel, village peuplé de neuf cent cinquante habitants, à treize kilomètres au nord-est de Tulle, la petite rivière de la Montane se précipite de cascade en cascade. On en compte cinq principales et au moins autant de secondaires. La hauteur totale de la chute est d'environ cent trente mètres. On ne peut voir toutes ces cascades d'un seul coup d'œil, à cause du circuit du canal que les eaux se sont creusé entre les rochers. La chute supérieure se divise en trois parties; elle a près de quarante-cinq mètres de hauteur, et, quand les eaux sont abondantes, une largeur de cinq mètres. Lorsque la Montane est grossie par la fonte des neiges, les trois cascades se confondent en une seule. Au-dessous de la première chute, l'eau suit un plan incliné formé par un rocher d'une seule pièce de vingt-sept mètres de haut, et se jette dans un gouffre dont on n'a pu encore mesurer la profondeur. Comme on l'a dit avec raison, la cascade de Gimel serait une des plus célèbres de France si le volume de ses eaux répondait à la hauteur des rochers d'où elle se précipite.

La Cascade de la Vézère. — A quatre kilomètres à l'est de Treignac, petite ville de trois mille cent vingt habitants, située à quarante-cinq kilomètres au nord de Tulle, on voit une cascade formée par la Vézère et digne d'attirer les regards des voyageurs. Les eaux de la rivière, après avoir longtemps coulé dans un étroit défilé, franchissent une haute muraille de rochers et se précipitent de près de cent pieds d'élévation au fond d'un vaste entonnoir dont les bords, hérissés de rochers abruptes, sont tapissés d'arbustes et d'arbrisseaux, comme pour diminuer l'horreur de ce site sauvage. Les rochers et les broussailles, toujours couverts d'une sorte de poussière humide, étincelante, offrent, pendant l'hiver, un spectacle magique ; on dirait un immense palais de stalactites et de rubis. Dans la belle saison, les troupeaux de chèvres et de brebis s'aventurent entre les précipices et s'avancent sur les bords les plus escarpés ; sur les sommets déserts, les bergers veillent pour écarter les loups, dont les cris aigus dominent le sourd fracas de la cascade.

DORDOGNE.

Grotte de Miremont. — Cette grotte, autrefois appelée le *Cluseau* ou *Trou de Granville*, peut être regardée comme une des plus belles grottes de France. Elle est située entre Sarlat et Périgueux, auprès d'un village appelé Pivaset, aux deux tiers d'une colline extrêmement aride. Sa profondeur, depuis l'ouverture jusqu'à l'extrémité de la plus grande branche, est de douze cents mètres, et la totalité de ses ramifications de deux mille trois cent cinquante mètres. Si l'on compte tous les détours de la grotte et ceux que le visiteur fait ordinairement pour observer les objets attachés à la paroi, l'espace entier à parcourir est de plus de deux lieues. Il serait dangereux de s'aventurer dans ce souterrain immense sans le secours d'un guide qui demeure sur les lieux.

L'entrée de la grotte est un peu étroite; il faut se courber pendant quelques pas pour y pénétrer; mais le souterrain s'abaisse à mesure que l'on s'avance, et l'on chemine bientôt sans obstacle. On parcourt d'abord la branche qui est à droite, et le premier objet curieux qui se présente est une stalactite appelée par le peuple le *Tas de la Vieille*.

Cette pierre présente un cône d'à peu près douze pieds de circonférence à la base et de quatre et demi de hauteur. Elle a été formée par l'eau imprégnée de spath calcaire très-pur qui tombe de la voûte. On remarque dans cette partie une quantité de stalactites en forme de mamelons, mais d'une petite dimension ; en général, cette sorte de congélation est rare dans ces grottes. La voûte offre encore des pierres brillantes de diverses formes et grandeurs, mais trop élevées pour pouvoir être considérées en détail.

Plus loin, on trouve une belle pièce, de forme elliptique, et appelée la *Chambre des Gâteaux*, longue de dix mètres et haute de trois ; elle est ornée, à hauteur d'appui, de branches de silex, formant tout alentour un double rang de rameaux entrelacés, qui, disposés avec autant d'élégance que de symétrie, font un effet admirable et représentent assez bien diverses figures de pâtisserie. Le plafond, très-uni, a de petites coupoles remplies des mêmes figures. A quelque distance de cette pièce, on entre dans une autre, plus petite et moins élevée, dont la voûte et les parois sont toutes couvertes d'un spath trièdre de la plus belle transparence. Ces pierres brillent comme le diamant, et lorsque la pièce est bien éclairée, elles jettent des reflets étincelants. La *Chambre des Coquillages*, qui vient ensuite, est un assez vaste appartement tout parsemé de coquilles incrustées dans le roc. Cette pièce est suivie d'une autre chambre cristallisée, presque entièrement semblable à la première.

Après avoir visité toute la partie de la grotte, on arrive au grand embranchement par un large chemin, appelé la *Grande Route*, qui, dans quelques endroits, a quatorze mètres de largeur et une voûte de douze mètres d'élévation, et même plus, si l'on mesure la hauteur des coupoles que l'on y remarque de distance en distance. Ces coupoles sont d'une beauté parfaite; il est impossible d'en voir de plus régulières, et l'on peut les donner pour modèles aux plus habiles architectes. On remarque, le long des murs et des parois, des socles continus que l'on pourrait parcourir s'ils étaient moins glissants. La grotte est plus humide dans cette partie que dans les autres; les flambeaux et la paille même ne brûlent qu'avec peine dans cet air condensé, et ne répandent point une clarté suffisante pour qu'on puisse bien observer les objets qui sont à une certaine hauteur. On remarque dans cette route une grosse pierre, appelée la *tombe de Gargantua*, que l'on prendrait effectivement pour le tombeau de quelque géant.

Vers l'extrémité de la grande route, on entre dans une vallée, appelée *allée de Labanche*, remarquable par une quantité de très-beaux choux-fleurs, qui tapissent ses parois et pendent à la voûte. Ces stalactites, qui ressemblent parfaitement à la plante dont on leur a appliqué le nom, forment, en cet endroit, une suite agréable de bouquets; mais il est difficile d'en arracher : pour les obtenir en entier, il faut employer le ciseau et tailler le roc, auquel ils tiennent fortement. On quitte la Labanche pour passer dans une pièce dont l'entrée est étroite et pénible : il faut descendre par un escalier assez rapide, mais bientôt la voûte s'élève, et l'on découvre une vaste place, dont la structure est très-belle; le plafond surtout est remarquable par les coupoles, que l'on y trouve en plus grand nombre que dans aucune autre partie, et qui sont toutes remplies de branches de silex, dont les diverses configurations font un effet admirable et très-singulier. Le sol, d'une terre argileuse et d'une humidité toujours égale, conserve les traces de tous les visiteurs qui viennent traverser cette place; c'est pourquoi on a donné à cet endroit le nom de *place du Marché*. En sortant de cette pièce, on arrive enfin à l'ouverture de la grande branche; mais on s'arrête quelques instants pour considérer deux éboulements qui, ayant obstrué un passage, empêchent de visiter d'autres routes souterraines.

La grande branche est aussi longue à parcourir

que tout le reste de la grotte. On ne peut surtout
s'empêcher de s'arrêter un moment sous une voûte
qui mérite l'attention du visiteur : les hommes n'en
construisirent jamais de plus élégante ni de plus
solide. Le milieu de cette voûte, qui est d'une mé-
diocre élévation, descend et vient, en cône renversé,
s'appuyer sur un autre cône qui s'élève du sol ; tout
alentour on retrouve le même jeu de la nature, et ces
cônes, ainsi régulièrement disposés, laissent entre
eux des arceaux et forment une galerie circulaire
autour de la coupole, qui présente exactement la
forme d'un parasol.

A la suite de cette pièce, on en voit plusieurs
autres qui méritent aussi d'être visitées ; il en est
surtout une très-curieuse, mais dont l'entrée est si
étroite, qu'il est très-facile de passer à côté sans
l'apercevoir. Ce cabinet, que l'on croirait tapissé de
diamants, offre les plus belles cristallisations ; toutes
ses parties sont unies et intactes, mais il est à craindre que, lorsqu'il sera plus connu, le ciseau ne gâte
bientôt ses parois. Au sortir de cette pièce, on pénètre dans quelques autres qui présentent aussi
quelques objets curieux ; dans une des chambres latérales, le sol est formé d'une terre argileuse et onc-
tueuse, employée par les ouvriers en guise de san-
guine. Après avoir examiné les parties principales
de la grande branche, on finit par le *Ruisseau*, qui

n'est pas l'endroit le moins remarquable de la grotte : c'est un abîme en forme d'entonnoir, dans lequel on descend par des marches assez difficiles. Quelle est la surprise du visiteur lorsque, arrivé au fond, il élève ses regards ! Devant lui s'ouvre un passage entre des rochers prolongés à perte de vue ; à ses pieds coule un ruisseau qui traverse l'entrée et disparaît. En pénétrant dans ce chemin tortueux, qui offre une suite remarquable d'angles saillants et rentrants, on observe avec étonnement que cette partie de la grotte, située à dix mètres plus bas que le reste, ne renferme aucun des objets qui embellissent la partie supérieure.

Il paraîtrait qu'un grand effort de la nature a frayé depuis peu cette nouvelle route ; en la suivant, on retrouve le ruisseau qu'on avait perdu à l'entrée : il serpente comme le Styx dans ces noirs souterrains.

A mesure que l'on avance dans le labyrinthe, les sentiers se multiplient et deviennent plus difficiles ; les flambeaux n'y répandent qu'une lueur pâle, et la route toujours sombre semble conduire au Tartare.

Le département possède encore d'autres grottes ; mais toutes s'effacent devant celle-ci.

DOUBS.

Grottes d'Osselles ou **de Quingey**. — A cinq lieues de Besançon et à une de Quingey, on voit ces grottes. L'entrée, autrefois petite, a été élargie. En passant par trois salles, on arrive à une autre plus grande, formée pour ainsi dire d'une seule pièce de roc vif, dont la voûte plate peut avoir cinquante mètres dans sa plus grande longueur, sur vingt-trois de largeur ; le plafond de cette grande salle a deux mètres soixante-six centimètres d'élévation. Avant de pénétrer dans l'intérieur, tout visiteur doit se munir d'un flambeau et de sarreaux de toile, parce qu'il y règne la plus grande obscurité, et qu'on risque de s'enfoncer dans des trous qui se présentent en plusieurs endroits. Elles sont, d'ailleurs, remplies de chauves-souris qu'il ne faut point inquiéter, car, si on les chasse, il s'en répand une si grande quantité, qu'il est impossible d'y rester plus longtemps. En prenant cette précaution, on admire à l'aise toutes les beautés merveilleuses de cette grotte, qu'on ne peut mieux comparer qu'à un salon rempli d'antiquités et de raretés. Ici, ce sont des colonnes ornées de tout ce que la patience et la singularité du goût gothique ont pu inventer de plus

délicat et de plus bizarre ; les unes ont des chapi-
teaux d'un volume énorme, à proportion du fût de
la base ; d'autres ont une base très-massive et un
petit chapiteau ; là, ce sont des pavillons, des al-
côves, des cabinets, des tables, des autels, des tombeaux, des statues, des trophées, des fruits et des
fleurs. D'un autre côté, ce sont des guerriers armés, des enfants ; l'œil croit apercevoir même de
jolis paysages. Dans certaines pièces, on voit des
niches singulièrement ornées ; dans d'autres, des
figures grotesques portées sur des espèces de con-
soles ; des buffets d'orgues, des chaires à prêcher ;
les voûtes surtout sont bizarrement ornées de fusées
et de pierres luisantes semblables à des glaçons.
C'est un spectacle agréable de voir l'eau dégoutter sur toutes les figures, s'épaissir et produire
mille formes grotesques, sujettes à une transforma-
tion continuelle. Ce qu'on y voit aujourd'hui est
souvent tout autre dans huit jours. Tout est blanc
et fragile tant qu'on le laisse dans la grotte ; mais
ce qu'on en tire s'endurcit à l'air et devient grisâtre. Il n'y a point de meilleurs matériaux pour faire
des grottes artificielles. Les fusées pétrifiées dont
nous venons de parler ont encore cela de remarquable que, lorsqu'on les frappe avec une canne,
elles rendent différents sons, dont le retentissement
forme une harmonie qui n'est pas moins singulière

que tout le reste, et qui rappelle là grotte musicale
de Castelnou, en Angleterre.

Dans la première grotte, les gouttes d'eau, en
tombant de la voûte sur les congélations, forment
des sons dont l'ensemble fait sur le visiteur, dans le
lointain, l'effet d'une musique délicieuse : il s'arrête, ravi de ce concert invisible ; il veut en connaître les exécutants ; il entre enfin dans la grotte,
et tout cesse ; il ne voit qu'une pluie douce et
continuelle.

Le sol de la grotte est un sable sec et luisant ;
mais le terrain y est fort inégal, à cause des congélations qui s'y sont amassées ; il est même à craindre qu'avec le temps tout ne se remplisse, car il y
a déjà des endroits où l'on ne peut plus passer
qu'avec beaucoup de peine, et un, entre autres, où il
faut se traîner sur le ventre. Pour passer dans la
belle salle, on est presque obligé de traverser un
petit ruisseau dans cette position ; il est vrai qu'on
est amplement dédommagé de cet inconvénient par
l'aspect de tant de beautés curieuses et diverses que
la nature, souvent bizarre dans ses productions, s'est
plu à y rassembler.

La longueur de toute la grotte est de plus de
mille mètres. A l'extrémité est un lac de sept mètres de
diamètre, si profond, qu'on prétend que mille brasses
de cordes, au bout desquelles on avait attaché deux

boulets, n'ont pu en atteindre le fond. Le nombre des salles se monte à environ trente-six, mais elles ne sont ni vastes ni bien voûtées, et, sous ce rapport, la grotte de Quingey est inférieure à d'autres grottes de la France; mais elle les égale par ses belles concrétions.

La Fontaine Ronde. — Cette fontaine est située au bout d'un pré, sur le grand chemin qui conduit de Pontarlier au village de Touillon, dans un lieu étroit et plein. La terre du pré est fangeuse et marécageuse, parce qu'elle est abreuvée des eaux d'une autre source. La fontaine connue dans le pays sous le nom de *Fontaine Ronde*, prend sa source dans un endroit pierreux; comme elle sort par deux ouvertures séparées, elle s'est fait deux bassins, dont la circonférence régulière lui a fait donner le nom de *Ronde*. Le premier, le plus élevé des deux, a environ deux mètres cinquante centimètres de long, sur deux de large. Au milieu de ce bassin existe une pierre aiguë, qui semble avoir été posée exprès pour mieux faire voir le mouvement de l'eau lorsqu'elle monte et qu'elle descend. Comme la grande mer, cette fontaine a son flux et reflux. Quand le flux commence, on entend dans l'intérieur un bruit sourd, une espèce de bouillonnement; immédiatement après, on voit l'eau sortir de tous côtés, en formant plusieurs petites boules et en s'élevant peu à peu jusqu'à la hauteur d'un pied, et même au delà. Après avoir rempli toute l'étendue du premier bassin, elle regorge un peu du côté du second, où on la voit croître de même avec tant d'abondance que ce regorgement des deux sources, qui s'unissent alors, forme un ruisseau considérable.

Dans le moment du reflux, l'eau descend à peu près en aussi peu de temps qu'elle est montée. Le flux et le reflux durent en tout six à sept minutes, après lesquelles l'eau se repose deux minutes encore avant de recommencer à couler. L'abaissement de l'eau est si évident qu'on voit la fontaine presque entièrement tarir; cependant le reflux n'est jamais le même deux fois de suite, parce que tantôt la fontaine tarit presque entièrement, et tantôt il reste un peu plus d'eau dans le bassin; ce qui continue toujours alternativement et dans la même proportion, sans augmenter ni diminuer. Vers la fin du reflux, lorsque l'eau est presque toute rentrée, on entend un bruit faible et singulier. Dans le second bassin, le flux est beaucoup moindre, quoiqu'on y observe les mêmes mouvements; il y reste toujours assez d'eau pour entretenir le ruisseau qu'il produit.

La Glacière naturelle. — Dans les montagnes du Jura on a découvert plusieurs glacières naturelles, dont la plus remarquable est celle de la commune de Chaux-lès-Passavant. A vingt-quatre kilomètres de Besançon, près du village de Beaume, on trouve un petit bois au milieu duquel on voit, entre deux rochers, une ouverture qui conduit, par une pente fort raide, à une caverne dont l'entrée, large de vingt mètres et haute d'environ vingt-sept, est couverte de deux bancs de rocailles qui forment une espèce de double corniche, couronnée d'arbres et d'arbustes qui contribuent à entretenir la fraîcheur de la glacière. La grotte s'élargit pour prendre la figure d'un ovale irrégulier, et le sol est à soixante-quinze mètres au-dessous de la surface du rocher. On y voit, à droite, une ouverture longue, étroite et profonde, mais qui ne donne point de jour; les bords en sont ornés de glace, et il en découle sans cesse des gouttes d'eau qui, se réunissant dans le bas de la grotte, commencent à y former un morceau de glace d'un grand volume. On trouve aussi, sur la gauche, en entrant, une semblable masse de glace, mais plus petite, parce que l'eau n'y filtre pas communément.

L'eau, qui tombe goutte à goutte en mille endroits, gèle et se change en glaçons d'une forme singulière. Le centre de la voûte est la partie la mieux décorée. La partie la plus basse de la grotte est impraticable, à cause des eaux qui s'y rendent de tous côtés; celles qui filtrent à travers la voûte, sur le piédestal, au lieu de se convertir en glace, creusent de plus en plus dans ce massif et y forment des espèces de puits.

Au fond de la grotte il y a deux endroits où l'eau, en tombant, a formé deux bassins de glace de deux à trois pieds de diamètre ; l'eau s'y tient au niveau des bords. La température de la grotte a été autrefois de plusieurs degrés au-dessous de la glace ; par la destruction de la forêt et d'une partie des glaces, elle est devenue plus douce. La masse des glaces y diminue sensiblement, et il est à craindre qu'un jour elle ait entièrement disparu.

Source de la Loue. — Cette source, renommée en Franche-Comté, se trouve dans une vallée qui est un des endroits les plus sauvages et les plus pittoresques des montagnes du Jura, et qui n'est pas bien éloignée de Pontarlier. Un voyageur curieux ne manque pas de faire une excursion à cet endroit ; ordinairement, l'aspect de la vallée surpasse l'attente du visiteur ; il en est surpris et presque saisi. On le fait descendre par une rampe sinueuse qui lui dérobe entièrement le spectacle qu'il est venu voir ; ce n'est qu'au bas de cet escalier naturel qu'on le prie de jeter les yeux autour de lui. Quel est alors son étonnement ! Peut-être s'était-il attendu à voir une vallée agréable, bordée par de beaux coteaux, et il se trouve au fond d'un puits énorme ; la vallée en a la forme et la profondeur. Resserrée par des rochers calcaires qui s'élèvent à pic et à une hauteur considérable, elle s'élargit ensuite, mais en prenant plus de profondeur. L'air sombre qui règne en ces lieux inspire la tristesse, et les reflets du soleil, qu'on voit tout au haut des rochers, font croire qu'on est enseveli dans un abîme que ses rayons n'éclairent jamais. Dans les parois de ce vaste puits, les bancs de rochers présentent en plusieurs endroits des dispositions fort singulières, étant contournés et brisés d'une manière qui ne laisse pas de doute qu'un violent bouleversement n'ait altéré leur position primitive.

Les regards ne cherchent pas longtemps le principal objet de cette vallée, la *Loue ;* cette rivière jaillit, en écumant, d'une ouverture qui commence à neuf mètres au-dessus du sol et qui a plus de soixante mètres de large, sur trente-deux de hauteur. C'est l'entrée d'une caverne dont on ne connaît pas la profondeur et où il est difficile de pénétrer, à cause de l'abondance des eaux, qui paraissent la remplir.

Des rochers saillants forment au-dessus de l'antre des corniches assez régulières. Avant d'atteindre le fond de la vallée, la Loue tombe sur des rochers. Elle est sujette à des crues subites, et, quoique moins considérable que le Doubs, elle a cependant quelquefois, en été, plus d'eau que cette rivière.

L'industrie a mis à profit, le long du cours de la Loue, les eaux de cette rivière ; elles alimentent des moulins, des forges, des martinets et des scieries.

Saut du Doubs. — Le Doubs, la principale rivière du département, a un cours plus sinueux encore que la Loue. Humble ruisseau au sortir de la montagne qui lui donne naissance, sur le territoire de Mouthe, à vingt-cinq kilomètres au sud de Pontarlier, cette rivière dirige son cours vers le village que nous venons de citer à travers un vallon resserré, puis coule au nord en côtoyant la rive orientale du lac de Remonay, dont elle absorbe le trop plein des eaux, et va, à peu de distance de là, se jeter dans le lac de Saint-Point. Elle se dégage bientôt de cette belle nappe d'eau, poursuit un cours sinueux, et elle vient traverser la ville et la plaine de Pontarlier après avoir reçu les eaux de plusieurs ruisseaux. Elle arrose ensuite le val du Saugeois, forme le lac du Chaillexon, puis, successivement encaissée entre des rochers escarpés, elle s'élance avec fracas d'une hauteur de vingt-sept mètres et se précipite dans un abîme profond. Cette magnifique cataracte est connue dans le pays sous le nom de *Saut du Doubs*. La rivière continue ensuite sa course dans une gorge sauvage et profonde, entre deux chaînes parallèles du Jura.

GARD.

La Fontaine de Nîmes. — Cette fontaine a toujours été fort célèbre. Frappés de sa beauté, les Romains avaient construit sur ses bords un temple magnifique, dont les débris sont disséminés dans les environs. Le bassin de la source est situé dans une des collines qui environnent Nîmes. Son diamètre est d'environ vingt-quatre mètres, et sa profondeur de près de huit. Il est creusé par la nature, en cône renversé, dans un roc vif, auquel il ne manque que la variété des couleurs pour être un véritable marbre. L'eau jaillit de son centre souvent à gros bouillons ; un gravier calcaire très-pur en couvre le fond. Ses bords sont tapissés d'un grand nombre de plantes dont le beau vert foncé annonce une vigoureuse végétation.

La chaîne de collines au pied de laquelle sort la fontaine de Nîmes renferme des grottes et des cavités qui s'étendent à plus de six milles et communiquent entre elles.

Quelquefois la fontaine de Nîmes, au milieu des grandes sécheresses, croît tout à coup sans qu'il soit tombé une seule goutte d'eau dans les environs. Cet effet singulier a lieu toutes les fois qu'un orage éclate au-dessus des vallons qui dominent la ville vers le nord-ouest, à la distance de cinq à six milles. Ces crues sans pluie sont une preuve bien évidente de l'éloignement des réservoirs de la fontaine.

Dans ses grandes crues, qui arrivent également dans toutes les saisons après les longues pluies, ou même après de simples averses, la fontaine devient en peu d'heures une rivière considérable dont l'abondance et l'impétuosité attirent l'attention générale.

GIRONDE.

Le Mascaret. — Ce phénomène se produit sur une partie du cours de la Dordogne. Quand les eaux de cette rivière sont très-basses, surtout en été, on voit quelquefois auprès du Bec-d'Ambez, où la Dordogne s'unit à la Garonne, un monticule d'eau de la grosseur d'une tonne et même de la hauteur d'une petite maison s'élever, s'allonger d'avant en arrière, rouler sur la côte, la remonter et la parcourir dans toutes ses sinuosités avec une rapidité extraordinaire et un fracas épouvantable. C'est ce que l'on appelle le *Mascaret* ou, en terme vulgaire, le *rat d'eau*. A la vérité, c'est un rat pour la vitesse, mais c'est un lion pour la force ; tout ce qui se trouve sur la côte que le Mascaret parcourt est fracassé ou renversé. Les arbres sont déracinés, les barques coulées à fond, les digues abîmées et les pierres lancées quelquefois à cinquante mètres de distance. A son approche, tout fuit, les hommes et les animaux. Le Mascaret remonte la rivière jusqu'à une distance de trente-deux kilomètres de son embouchure. Il y a des endroits où il quitte les bords pour se porter sur le milieu ou pour s'étendre sur toute la rivière. Sa marche a été observée avec beaucoup de précision. A l'endroit qu'on appelle Saint-André, le Mascaret se forme en lames qui tiennent la moitié de la rivière jusqu'à Caverne; là, il se perd un instant pour aller reparaître entre Arque et Lisle en forme de promontoire, et puis il se change de nouveau en lames jusqu'à Tersac, où il reprend sa première forme; il ne la quitte plus qu'à Darveire. Il longe ensuite la côte jusqu'à Fronsac; là, il s'étend sur toute la rivière, passe avec un bruit épouvantable devant la ville de Libourne, met le trouble et le désordre dans la rade de cette ville, et ne reparaît qu'avec peu de force à Genessac-les-Réaux et Peyrefite.

Comme le Mascaret est fort rapide, il disparaît promptement, et il ne faut pas perdre une seconde pour le voir passer. Les bateliers prévoient son arrivée en observant la baisse de la Dordogne et la force de la marée; cette connaissance utile leur fait éviter les dangers auxquels les exposerait souvent l'imprévoyance.

La cause de ce phénomène est naturellement attribuée au flux de la mer. Nous le voyons se reproduire sur le cours de la Seine depuis son embouchure jusqu'à Jumiéges, et quelquefois jusqu'à Rouen. Là, il porte le nom de *barre*.

HÉRAULT.

La Fontaine de pétrole. — Cette fontaine est située près du village de Gabian, à quatorze kilomètres de Pézénas. Elle sourde d'un rocher et coule par des conduits souterrains avec l'eau, dont elle couvre la surface, dans un bassin situé au milieu d'un bâtiment. Cette huile est opaque et sa couleur d'un rouge-brun foncé. Elle se maintient toujours au-dessus de l'eau sans s'y mêler. Dans le bassin, elle paraît avoir un petit œil verdâtre fort brun ; elle a une odeur forte et désagréable comme le bitume. Quand on la jette dans des barils, ce qui se fait ordinairement tous les huit jours, elle forme une infinité de bulles du plus beau cramoisi qu'on puisse voir, qui se soutient longtemps. Mais rien n'égale la beauté des couleurs de cette huile lorsqu'on en jette sur de l'eau ordinaire; on remarque alors toutes les belles nuances que les couleurs peuvent donner : du bleu, du vert, du jaune, du pourpre, de l'amarante; enfin, c'est la queue du paon déployée aux rayons du soleil. En été, une écume roussâtre couvre la source. Lorsqu'on met cette huile sur le feu et qu'on approche une bougie, la vapeur de l'huile s'enflamme à cinq pieds d'élévation. De grandes expériences furent faites sur la qualité de cette huile; mais le cadre rétréci de notre petit volume ne nous permet pas de les insérer ici.

INDRE-ET-LOIRE.

Les caves gouttières. — A dix kilomètres de Tours, près de Savonnières, sur la route de Tours à Chinon, non loin des bords du Cher, on voit des souterrains ou grottes appelées dans le pays *caves gouttières*. On y descendait par plusieurs ouvertures qui sont aujourd'hui bouchées par les éboulements des coteaux voisins. L'eau y tombe toujours du plafond goutte à goutte et forme toutes sortes de congélations ou de petits glaçons d'une couleur blanchâtre attachés à la voûte. Une chambre plus longue que large, décorée de la manière la plus symétrique et la plus élégante, offre un spectacle aussi brillant que curieux; ce sont deux grands rochers d'une pierre blanche comme la neige et dure comme le marbre, formés de plusieurs cordons posés les uns sur les autres avec une régularité surprenante et ornés naturellement de petites écailles rangées et creusées comme si on les eût travaillées au ciseau. Le cordon le plus haut et le moins large renferme un bassin toujours rempli d'eau qui dégoutte de la voûte, et qui, en débordant, coule sans cesse dans le contour des rochers et entretient plusieurs bassins plus petits, que la nature a formés de distance en distance dans l'intérieur des cordons. Entre les deux rochers de cette branche, il y a plusieurs lagunes ou flaques d'eau peu profondes dont la surface est couverte d'une croûte de glace qui se précipite à mesure qu'elle s'épaissit.

Les caves des paysans qui habitent les environs de ces grottes sont de même nature, et l'on y trouve beaucoup de fossiles et de petites pierres imitant les dragées.

ISÈRE.

Sassenage et ses Cuves. — Sassenage est une petite ville de mille cinq cent cinquante habitants, à dix kilomètres de Grenoble, renommée par son fromage et célèbre par ses cuves. Le premier ne le cède en qualité qu'à celui de Roquefort, dont il est une sorte de contrefaçon. Ce fromage est fabriqué dans les chalets de la montagne, et Sassenage n'en est que l'entrepôt.

La montagne de Sassenage doit, de même que la ville, sa célébrité tant à sa construction particulière qu'à la caverne de ce nom où se trouvent les fameuses cuves de Sassenage, l'une des sept merveilles du Dauphiné. Sassenage est situé sur les deux rives du Furon, qu'on remonte jusqu'à Lans, où il tombe dans la gorge de Sassenage. Sa chute est assez rapide; les rochers qui s'opposent à son passage occasionnent des ressauts en différents sens, une cascade agréable et d'autant plus variée que l'eau coule sur un plan incliné bordé de rochers tombés des montagnes voisines. Au sortir de ce lieu, on aperçoit, à la droite du Furon, sur le chemin d'Engins, un rocher appelé les *Portes de Sassenage*. On croit voir les ruines d'un portique. Ce sont en effet des ruines; mais la nature seule a détruit ici son propre ouvrage. La partie supérieure du rocher porte des traces bien visibles du bouleversement que doit avoir éprouvé la masse du rocher, du moins dans cette partie. Le bas est formé de bancs d'un fort gros volume et assez parallèles à l'horizon; c'est dans cette partie que se trouvent les grottes; elles s'annoncent par deux grandes ouvertures en forme d'arcades.

L'ouverture inférieure a plus de huit mètres de large; il n'est guère possible d'évaluer au juste sa hauteur. On y aperçoit des bancs de rocher qui imitent les degrés d'un grand escalier tombé en ruine.

On ne peut parvenir à la grande ouverture que par un sentier fort rapide. Après avoir traversé le torrent, on aperçoit un vestibule dont la largeur est de vingt-cinq mètres sur seize de hauteur et quatorze de profondeur; ce vestibule conduit à d'autres grottes dont les ouvertures sont fort inégales. La plus considérable est celle qui se présente vers la gauche, d'où sort le *Torrent de Gorme*, qui serpente dans l'intérieur de ces grottes, et dont les eaux viennent se réunir sur le palier de cette espèce d'escalier; de là elles se précipitent avec une étonnante rapidité et avec un grand fracas, surtout lorsque la saison des crues d'eau en augmente le volume. Elles sortent de la grotte après avoir formé une très-belle cascade.

Lorsqu'on pénètre dans l'intérieur, on aperçoit bientôt, à droite, une autre ouverture qui n'a pas plus d'un mètre cinquante centimètres de largeur sur environ trois de hauteur. C'est là que l'on trouve les cuves, dont le premier aspect détruit les préventions qui ont existé autrefois à leur sujet, puisque ce ne sont que de simples excavations d'une forme à peu près cylindrique, d'environ un mètre soixante-six centimètres de diamètre, et dont l'une n'a pas plus d'un mètre et l'autre de cinquante centimètres de profondeur. Dans le pays, suivant la légende, ces cuves étaient l'antique séjour de la fée Mélusine, de laquelle se vantaient de descendre les seigneurs de Sassenage, dont la famille s'est éteinte en 1338. On raconte, en effet, qu'elle y prenait ses repas avec ses nymphes, autour d'une table de pierre qu'on montre encore.

La Fontaine Ardente. — Cette fontaine est la seule des sept merveilles du Dauphiné qui mérite l'attention des curieux et des savants. La source appelée par le vulgaire *Fontaine Ardente* se trouve à douze kilomètres de Grenoble, auprès du village de Saint-Barthélemi. Le phénomène qui l'a rendue célèbre paraît avoir été plus frappant autrefois qu'il ne l'est aujourd'hui. On rapporte qu'on voyait sortir fréquemment de la source des flammes et de la fumée. Saint Augustin a dit que de son temps on observait qu'un flambeau allumé s'éteignait, et qu'un flambeau éteint s'allumait quand on l'approchait de la source. Un auteur du dix-septième siècle assure que les habitants du pays faisaient souvent des parties de plaisir à la fontaine et y allaient avec des œufs, pour faire des omelettes sur la source même, sans

avoir besoin de feu. Les flammes s'élevaient anciennement très-haut, et plus d'une fois les voyageurs,
en passant auprès du terrain où coule la source, ont
été effrayés du spectacle illusoire d'un grand incendie
qui semblait consumer des villages entiers. Aujourd'hui les inflammations spontanées y sont rares ;
mais il s'échappe encore du ruisseau, et de l'eau
qu'on fait sortir de la terre en la creusant à peu de
profondeur, un gaz inflammable, à l'aide duquel on
peut allumer des matières légères, telles que papier,
copeaux, allumettes.

Grotte de Notre-Dame de la Balme. —Cette
grotte est à vingt-quatre kilomètres de la petite ville
de Bourgoin, dans l'arrondissement de Latour-du-Pin,
et à quelque distance du village de ce nom. Son entrée
a d'abord quelque chose d'imposant. Ce n'est point,
comme dans d'autres grottes, une galerie basse et
étroite dans laquelle il faille pénétrer en rampant,
c'est une entrée large de sept à dix mètres, élevée
de vingt-sept à trente-trois mètres et cintrée comme
un arc de triomphe ou l'entrée d'un temple. On
monte à cette entrée par un chemin un peu rapide,
mais très facile. Un petit ruisseau, venant de la Balme, coule le long de ce chemin, sur la gauche. Arrivé
à la porte de la grotte, on y entre de plain-pied. Le
premier objet qui se présente à la vue est une chapelle
élevée à droite, à laquelle on monte par un escalier

de bois ; elle est dédiée à Notre-Dame, d'où est venu à la grotte le nom de Notre-Dame de la Balme? Sous cette chapelle passe un canal d'un mètre et demi à deux mètres, qu'on a fait pour donner un écoulement facile aux eaux du fond de la grotte, surtout après les grandes pluies ou la fonte des neiges; l'eau en est très-limpide.

Après avoir dépassé la chapelle, on se trouve dans une vaste salle de quarante à quarante-trois mètres de hauteur, sur environ dix-sept de largeur. Vers le milieu s'arrondit un dôme assez élevé, qui perce presque le rocher. La voûte de la salle s'abaisse insensiblement jusqu'au fond, où l'on trouve l'entrée d'une galerie beaucoup moins élevée, mais dans laquelle on marche toujours droit et facilement. Avant d'y arriver, on passe sur des rochers incrustés d'une stalactite lisse qui rend la marche glissante. Auprès de l'entrée, on aperçoit, à gauche, un enfoncement circulaire de quelques pieds de profondeur; il renferme une masse de stalactites coniques, d'environ soixante-six centimètres de hauteur, portant sur une base d'une étendue un peu moindre. A quelques pas de cet enfoncement et au milieu de la galerie s'élève une autre pyramide de stalactites beaucoup plus considérable.

La partie inférieure de cette masse porte trois ou quatre rangées de petits bassins ou cuvettes circu-

laires, posés les uns au-dessus des autres et ayant
depuis trente-cinq centimètres jusqu'à un mètre de
diamètre. Leurs bords sont ornés de très-petites stalactites pendantes et parsemées de grains brillants
comme le cristal. L'eau, en tombant de bassin en
bassin, forme de très-jolies cascades. On descend
ensuite à une profondeur d'environ quatre mètres
à travers un groupe de rochers où il y a plusieurs
bassins attachés les uns aux autres, et qui, par leur
rapprochement, représentent une sorte de grille. Au
delà de ces rochers, on trouve un ruisseau qui se
rend sous terre au canal de la chapelle.

A ce lac, la grotte peut avoir sept mètres de haut
et autant de large. L'eau y suinte à travers les rochers et forme des stalactites très-solides et incrustées d'une terre glaiseuse. On n'y voit point de colonnes ni de pyramides.

Mais dans l'autre galerie de cette Balme, il descend
de la voûte des stalactites en forme de culs-de-lampe,
et du sol s'élèvent des colonnes plus ou moins rapprochées et plus ou moins grosses ; il y a un groupe
qui ressemble à un jeu d'orgues. L'entrée de cette
galerie n'est pas d'un abord aussi facile que celle de
la première : lors même qu'on l'a passée, on a encore
des rochers à escalader ; le chemin devient ensuite
plus doux. On entre dans une salle remplie de
chauve-souris qui s'y retirent le jour ; elles y sé-

journent en si grande quantité qu'elles y ont formé un gros tas de fiente. Il y a dans cette salle un petit bassin d'un mètre soixante-dix centimètres sur deux mètres de diamètre; au milieu, s'élève une masse de stalactites sur laquelle coule l'eau qui se rend par le bassin dans le canal dont nous avons parlé plus haut. L'eau de ces deux galeries est quelquefois si abondante qu'elle a peine à passer sous le petit pont jeté sur le canal qui est hors de la grotte; alors il est très-difficile de pénétrer dans les galeries. Cette grotte est la plus belle du Dauphiné et une des plus curieuses de la France.

JURA.

Les Grottes de Loizia. — Dans les environs de Loizia, village peuplé de sept cents habitants, du canton de Saint-Amour, à vingt-cinq kilomètres de Lons-le-Saulnier, il existe une belle vallée en forme de croissant. La montagne qui l'entoure est échancrée régulièrement de haut en bas; une bande légère et demi-circulaire d'une roche aride couronne toute cette demi-lune; c'est au fond de la vallée que sont situées les grottes. On y entre par une ouverture de quatre mètres de large sur sept de haut.

A la gauche de cette ouverture est un pilier taillé dans la grotte ; il a un mètre d'épaisseur, et monte jusqu'au plafond de la grotte. La voûte est assez bien cintrée ; à dix-sept mètres de l'entrée, la grotte s'élargit et la voûte s'élève ; mais, à cent mètres plus loin, elle se rétrécit de nouveau ; la voûte s'abaisse et va se terminer en cul-de-lampe. Dans une direction presque perpendiculaire à celle-ci, s'ouvre, sur la gauche, une seconde grotte plus large que la première, mais n'ayant que vingt-quatre mètres de long ; c'est un bras qui croise la principale nef de cet espèce de temple ; l'endroit de la réunion est un dôme d'une majestueuse élévation.

Au milieu de cette seconde grotte, est une ouverture très-basse qui introduit dans une troisième grotte de vingt mètres de long et dirigée à peu près parallèlement à la seconde. Au bout de celle-ci, est une quatrième qui a vingt-sept mètres de long ; c'est le dernier réduit où l'on puisse pénétrer. On y remarque des trous et des fissures.

Les voûtes des quatre grottes et leurs parois latérales sont plus ou moins couvertes de stalactites et de pétrifications. On y voit une multitude de figures bizarres auxquelles chacun attribue des ressemblances avec l'objet qu'il veut. On y remarque, entre autres, un grand héron ou une petite autruche, vue par derrière. Des pattes et des jambes de l'oiseau,

vous pouvez cependant faire les bras et les mains décharnées d'un squelette, qui pend la tête en bas,
ayant la face collée sur le roc.

Nulle part on ne peut, sans flambeau, jouir du
spectacle de ces grottes. Le sol y est jonché de pétrifications ; dans quelques endroits il y a des tas d'une
ordure infectante : c'est la fiente des chauves-souris
qui habitent ces grottes, où elles sont accrochées aux
voûtes, par groupes, les unes sous les autres. Combien de temps n'a-t-il pas fallu pour que, dans une
de ces grottes, il ait pu se former un monceau de
fumier de six mètres de diamètre et d'environ un
mètre cinquante centimètres de hauteur !

On peut cependant en plein jour arriver jusqu'au
bout de ces grottes, à la clarté de la lumière extérieure ; elles seraient même assez bien éclairées
dans toute leur étendue, si les rayons de lumière
n'étaient interceptés par différentes masses de pétrifications. Après avoir fait vingt à trente mètres,
on n'aperçoit plus qu'une lumière faible et incer-
taine qui flotte le long de la voûte jusqu'au bout d'où
elle paraît venir. On croirait que la montagne est
percée et éclairée par le haut ; cet effet de la lumière
est si frappant qu'il faut arriver jusqu'au terme et
regarder attentivement pour reconnaître son erreur.
Si, de cet endroit, on tourne la face vers l'entrée, les
yeux sont éblouis ; la petite portion d'atmosphère

qu'on aperçoit de loin semble infiniment plus lu-
mineuse ; et cependant, en observant le terrain où
l'on se trouve, on en distingue toutes les parties
beaucoup mieux que de l'entrée même du souterrain.

Ces grottes sont fréquemment visitées. Les plus
belles stalactites y ont été brisées et enlevées par
les visiteurs. Il ne s'y trouve point de cavité qui
ne porte des traces de leur présence, partout on lit
des noms. Plusieurs fois ces grottes ont servi de
retraite aux malheureux fugitifs pendant les guerres
civiles.

Les Fortifications naturelles. — A une
petite distance d'un village appelé les *Petites-Chiet-
tes*, aux environs de la petite ville de Clairvaux,
dans l'arrondissement de Lons-le-Saulnier, on voit
dans les montagnes une portion de fortifications à
la Vauban, produites sans le secours des hommes.
On découvre plusieurs bastions, des flancs, des faces,
des courtines et même plusieurs rangs de batteries
les unes au-dessus des autres ; quoique très-impar-
fait, tout y est figuré d'une manière à frapper du
premier coup d'œil l'homme qui a la plus légère connaissance de l'architecture militaire ; et tout cela
n'est autre chose que la partie supérieure d'un rocher
conformé naturellement de cette manière, et qui s'é-
lève de deux cents à deux cent soixante-dix mètres

presque perpendiculairement au-dessus d'un vallon resserré, où il ne tombe presque jamais de neige, à ce qu'on assure. A cinquante mètres de la cime, la pente, quoique très-rapide, est couverte de bois, dont le feuillage ressemble de loin à un gazon, tandis que la bordure supérieure imite le revêtement d'une forteresse ; pour la couleur, c'est l'inverse d'une place où la masse des fortifications est revêtue jusqu'au parapet, tandis que le plus souvent ce parapet n'est qu'un gazon; mais, pour les formes, c'est l'imitation assez exacte de nos forteresses, et le vallon est l'immense fossé de cette place, dont les embrasures sont au niveau du plateau qui l'entoure et qui figure les glacis.

Sources du Lison et du Sarrasin. — On se rend à la source du Lison, qui est à quelques lieues au sud-est de la ville de Salins, par une vallée bordée de rochers très-élevés, dont le sommet est couronné de bois de chênes et de sapins. Cette vallée aboutit à une gorge terminée par un rocher élevé à pic dont la base est percée de trois ouvertures qui, étant séparées par quatre piliers, ressemblent aux trois entrées d'un portail gothique, avec une seule différence, c'est que le portique du milieu, au lieu d'être le plus élevé, est le plus petit. La plus grande des trois ouvertures sert de passage au Lison. Ce torrent n'est encore à sa sortie qu'un mince filet d'eau coulant paisiblement ; mais bientôt il s'élargit et se précipite avec impétuosité et en écumant de rochers en rochers, comme s'il descendait les marches d'un escalier ; dans les temps pluvieux, sa nappe, large d'environ dix-sept mètres, couvre en partie ces roches saillantes et ne fait qu'une seule chute de plus de dix mètres. Les curieux pénètrent dans le rocher d'où sort cette rivière. Après avoir visité la première chambre, qui est presque ronde, on prend une espèce de passage ou corridor naturel, qui conduit à un second étage plus élevé que le rez-de-chaussée.

A quelque distance de sa source, le Lison se réunit au Sarrasin, avec lequel il se rend dans la Loue, et qui sort aussi d'un rocher, mais d'un accès plus difficile que celui du Lison, parce que les bords du Sarrasin forment une pente rude et couverte de rocailles, où le pied ne trouve pas de consistance. Si cependant le visiteur se risque à les parcourir en s'appuyant aux arbres et aux buissons qu'on y trouve, on arrive à une voûte énorme qui a peut-être cent mètres de hauteur ; c'est le vestibule d'une grotte très-vaste, où l'on voit un grand étang ; à gauche, les bords du lac se rétrécissent et, lorsqu'on les suit de ce côté, on entend un grand bruit qui semble provenir de la chute d'une masse d'eau dans un souterrain. C'est en effet de ce côté que l'étang, qui sert de réservoir à la rivière, a son débouché dans le sein des rochers qu'il a minés ; il disparaît sous la terre, coule par sauts et par bonds sur une pente très-rapide et avec un bruit sourd qui retentit sous sa longue voûte.

Sources de la Seille. — Le lieu où coule cette rivière est des plus solitaires ; de chaque côté, des coteaux couverts de rocailles s'élèvent à soixante-dix mètres et, par-dessus ces coteaux, cent mètres de rochers se montrent à nu dans une coupe aussi perpendiculaire que la muraille la mieux construite. Ce rocher calcaire est divisé en quatre lits horizontaux d'environ vingt mètres d'épaisseur chacun, et l'eau s'échappe de plusieurs endroits entre ces lits.

Le vallon se termine en fer à cheval, et les sources de la Seille sont à la branche droite quand on est en face de la culée. La plus basse de ces sources offre une masse d'eau de deux mètres de large et de vingt centimètres d'épaisseur qui sort continuellement avec la même force ; on y remarque quelques glaçons formés par la vapeur que ces eaux élèvent contre le rocher.

A trente mètres de cette source, on en voit une seconde fort différente ; celle-ci sort de la masse des rochers par une fente qui paraît avoir six mètres de haut sur trente-cinq centimètres de large ; elle est élevée au-dessus du coteau de sept à dix mètres ; par sa chute, l'eau s'est creusé, dans le rocher et dans le coteau, un demi-canal en forme de cheminée de dix-sept mètres de profondeur. Après avoir fait une chute de vingt-quatre mètres, l'eau serpente dans une masse de tuf de cinquante mètres de long et de soixante-dix mètres de haut. Les deux sources réunies sillonnent cette masse de tuf en différents sens et font mouvoir plus bas deux moulins, les seules habitations de ces tristes lieux.

Dans les temps ordinaires, en posant une échelle contre le rocher, on peut entrer par l'ouverture qui donne issue à la seconde source de la Seille. Depuis la bouche verticale, par laquelle l'eau sort ordinairement, jusqu'au coteau, ce n'est qu'un glaçon perpendiculaire et gros en proportion de sa hauteur; les filets d'eau qui se montrent en plusieurs endroits forment également des glaçons considérables, parce que leur mouvement n'est pas assez fort pour pouvoir résister à la puissance coagulante du poids.

La masse de tuf qui forme la base de la montagne est criblée de cavernes toutes pleines de stalactites; ce sont des habitations naturelles toutes faites. Les meuniers de cette solitude n'ont point d'autres écuries, ni d'autres étables, ni d'autres poulaillers.

Jet d'eau naturel. — Dans la commune de Chavéria, canton d'Orgelet, au bas d'une côte très-rapide d'environ deux cent trente-cinq mètres de haut, un objet frappant excite la curiosité du naturaliste; c'est un canal souterrain par lequel la montagne vomit, l'hiver, un petit torrent et donne, dans la belle saison, un courant d'air toujours sensible. La bouche ou scissure est dans la roche solide; elle est horizontale, ayant quatre mètres de long sur un demi de large. L'eau, qui l'hiver sort par cette bouche, s'élance, en un jet fort large, à la hauteur de trois à quatre mètres; ensuite elle retombe dans un lit de deux mètres de large semé de grosses pierres au milieu desquelles elle se précipite avec l'impétuosité d'un torrent. L'été, ce lit est parfaitement sec; il ne coule pas une goutte d'eau du rocher.

Les rochers de Sirod. Sirod est une commune peuplée de huit cent cinquante habitants, du canton de Champagnole, à trente-cinq kilomètres de Poligny. Lorsqu'on est sur la route qui conduit à ce village, un spectacle assez bizarre et unique dans son genre frappe la vue; ce sont des espèces de statues colossales produites par la nature et hautes de dix-sept à vingt mètres.

Ces objets inattendus font croire à l'imagination du voyageur qu'il voit devant lui une compagnie de géants qui tous ont les regards fixés sur lui et qui semblent attendre son arrivée; mais à mesure qu'il avance, l'illusion se dissipe, et il rit lui-même de sa méprise; car ces colosses, qui, vus de la grand' route et dans le lointain, présentent des corps élancés et mince, ne sont que des portions de rochers, des feuillets perpendiculaires détachés de la montagne ; on n'aperçoit d'abord que leur épaisseur ; voilà la raison de leur forme singulière. Vous ne voyez que des masses étroites, perpendiculaires, rangées inégalement, et ces inégalités pourraient laisser croire qu'elles furent élevées et taillées par l'homme ; mais quand vous approchez, vous apercevez leur véritable face dans toute sa largeur ; alors la statue disparaît et se change en un mur.

Gorge de la Tour-du-Meix. — A un quart de lieue du village de la Tour-du-Meix, dans le canton d'Orgelet, à vingt kilomètres de Lons-le-Saulnier, la route de Saint-Claude passe entre deux pans de rochers qui, tous deux, s'élèvent également dans une direction verticale ; ils paraissent avoir cinquante mètres de haut, et ils ne sont séparés que par le grand chemin. La montagne est coupée nette et d'aplomb, mais ce n'est point perpendiculairement à son axe ; la gorge formée par cette brisure décrit une courbe qui ne la rend que plus singulière en lui donnant plus de largeur que la montagne n'a d'épaisseur réelle. Pendant qu'on traverse cette espèce de puits allongé, la vue, resserrée de tous côtés, ne peut se porter qu'en haut ; le firmament est le seul objet qu'elle rencontre. Les parois des deux rochers qui forment cette gorge bizarre sont lisses et s'élèvent avec une hardiesse qui frappe l'imagination; leurs sommets sont de niveau. On voit que jadis ils ne faisaient qu'un seul corps.

Au bout de cette gorge, un spectacle nouveau frappe le voyageur; il semble qu'au sortir d'un profond souterrain il est enfin rendu au jour; des monts et des forêts s'étendent devant lui à perte de vue. Sur la gauche, est une plaine demi-circulaire d'environ cent soixante-dix mètres de diamètre. La montagne qui l'entoure est composée de plusieurs zones ou couches horizontales, dont chacune se retire de plusieurs pieds sur celle qui la précède; en sorte que, dans leur ensemble, elles présentent un vrai amphithéâtre; elles sont couvertes d'une espèce de buis qui ne s'élève que d'environ deux ou trois pieds, et qui, vu du bas, semble être un tapis vert étendu sur les gradins de ce beau cirque.

En traversant l'esplanade qui forme l'arène de cet amphithéâtre jusqu'à son extrémité opposée, on voit le coteau se prolonger sur la gauche de l'Ain, et devenir très-rapide en s'approchant de la rivière, mais le buis qui le couvre fait qu'on peut le remonter sans crainte. A deux cents mètres au-dessus du lit de la rivière, au milieu du buis, on rencontre une scissure dont les parois se resserrent à trois mètres de profondeur et ne laissent entre eux que le passage d'un homme. C'est par cette espèce de couloir qu'il faut se glisser pour voir une grotte d'environ quatorze mètres de long; quoique ouverte dans toute sa longueur, elle est à peine visible à cause des buis, des coudriers et autres arbrisseaux qui obstruent son entrée.

L'écho singulier. — Dans une forêt de sapins, sur une des montagnes voisines de Septmoncel, commune du canton et de l'arrondissement de Saint-Claude, à seize kilomètres de cette ville, on entend un écho singulier, qui, à ce qu'on prétend, remplit l'air d'une multitude de sons qui vont toujours se répétant, et forment, quand on donne du cor, une sorte de concert. Ce n'est pas simplement un écho qui répète de suite plusieurs syllabes distinctes, c'est une succession rapide et croisée d'échos multipliés par les parties brisées des montagnes voisines du lieu d'où partent les sons du cor; ce qui appartient au joueur c'est la mélodie; la nature est chargée de l'harmonie qui, quoique bruyante, ne frappe pas l'oreille sans agrément.

LOIRE (Haute-).

Boules basaltiques. — Auprès de Pradelles, chef-lieu de canton peuplé de dix-sept cent cinquante-deux habitants, à trente-cinq kilomètres

du Puy, on voit une butte isolée et saillante entièrement composée d'une lave dure et sonore. Le
basalte n'est point ici en pavés, en tables, ou en
masse irrégulière; mais la crête de la butte est
hérissée d'énormes poutres de basalte grossièrement
taillées dont un grand nombre est dirigé vers le
ciel, tandis que d'autres, très-saillantes et de grandeurs inégales, semblent menacer l'horizon ou
sont placées dans d'autres positions singulières. On
voit cependant que l'ensemble est disposé de l'est à
l'ouest. Le talus, au bas de la butte, est jonché de
boules et de débris détachés des masses supérieures.
C'est dans cet endroit qu'il faut se placer pour étudier et contempler en face ce superbe morceau.

On verra de droite et de gauche une multitude
de boules, variées par la grosseur, mais toutes d'une
pâte extrêmement dure et de la plus grande pureté.
Plusieurs sont détachées et jetées pêle-mêle, tandis
que d'autres, encore en place, sont dans leur moule
primitif, c'est-à-dire incrustées et enracinées dans
le basalte.

En remontant vers la sommité du monticule, on
ne tarde pas à découvrir le principal morceau qui
doit fixer l'attention du visiteur, c'est une énorme
boule d'un mètre trente-cinq centimètres de circonférence, naturellement encastrée entre les poutres de basalte et assise de manière qu'il n'est pas

possible de douter qu'elle n'ait été ainsi formée dans l'endroit même où on la remarque, car elle est encore attachée à la masse totale. Rien n'a été déplacé dans cette partie qui existe dans toute son intégrité primitive.

Cette masse, parfaitement sphérique, a un air imposant ; elle est d'autant plus intéressante que les fortes gelées ou d'autres accidents en ont fait heureusement détacher une portion ; ce qui, loin de la dégrader, la rend plus curieuse encore, puisque l'on peut voir actuellement toute sa contexture intérieure.

Des boules semblables sont disséminées dans tous les courants de laves de cette contrée, que le feu semble avoir choisi jadis pour le siége de son empire.

Le temple naturel.—A quelque distance de Goudet, village peuplé d'environ six cents habitants, du canton de Monastier, à vingt-trois kilomètres du Puy et de la montagne de *Masclaux*, sur une crête de la rive orientale de la Loire, on voit des constructions bizarres que l'on est tenté longtemps de prendre pour des ouvrages imaginés et exécutés par les hommes. Mais la nature seule les a produits comme toutes autres merveilles de ces contrées. On voit d'abord une tour ronde, couverte d'un cône qui semble en être le toit. Ensuite se présente une façade avec un fronton magnifique et un péristyle, qui s'enfonce à perte de vue dans l'intérieur d'une espèce d'édifice et qui est orné d'un grand nombre de colonnes. La façade peut avoir soixante mètres de hauteur sur dix de largeur. Les colonnes du péristyle sont plus rapprochées dans le fond qu'à l'entrée. On attend une belle salle à la suite d'un si beau vestibule, mais on ne trouve qu'une grotte sombre et rustique. Le reste de l'édifice ne consiste qu'en quelques pans de murailles ; mais on remarque encore un objet très-curieux, c'est un bateau énorme et dressé presque perpendiculairement sur une de ses pointes ; il est en pierre ; mais tout en est si bien imité qu'on ne peut se familiariser avec l'idée que c'est l'ouvrage de la nature, ainsi que tout le reste. Un courant de lave qui, du cratère de Masclaux, a descendu vers la Loire, a formé ces merveilles.

Outre ces merveilles, le département renferme encore un grand nombre de curiosités naturelles. Le voyageur visite avec intérêt : les rochers basaltiques d'Espaly, dont la forme et l'apparence les ont fait nommer les *orgues d'Espaly* ; le *panorama du Mézenc*, d'où l'on jouit d'un horizon immense ; le *cratère de Bar*, volcan éteint qui s'élève près du bourg d'Allègre, remarquable par sa belle forme conique, son isolement et sa hauteur ; les *cascades de la Roche et de la Beaume*, formées par des chutes d'eau de trente mètres de hauteur, sur le versant occidental de Mézenc, et tant d'autres merveilles de la nature, sites sauvages et pittoresques, qui rendent ce département cher aux artistes et aux savants.

LOT.

Le Gourg et le Bouley. — Ces deux noms s'appliquent à deux fontaines singulières qui, sortant de deux vallons correspondants à deux kilomètres de Souillac, chef-lieu de canton de l'arrondissement de Gourdon, se joignent et vont se jeter avec le ruisseau de Borèse dans la Dordogne, auprès du petit bourg des Cuisines.

La fontaine du *Gourg* vient du vallon de Blagour; celle du *Bouley* sort du pied de la montagne connue dans le pays sous le nom de *Puy-Martin*, où l'on découvre un antre d'environ trois mètres de profondeur au fond duquel on aperçoit deux ouvertures irrégulières et presque triangulaires. C'est par ces deux bouches que la fontaine du Bouley lance deux jets divergents qui font avec l'horizon un angle de près de 45 degrés. Ce n'est jamais qu'après des pluies très-abondantes que ces deux fontaines coulent.

L'éruption du Bouley est précédée ordinairement d'un bruit assez fort pour être entendu des paysans du haut de la montagne; l'eau sort avec force et avec une espèce de sifflement par les deux ouvertures du fond de la caverne, inonde le vallon, déracine les arbres et cause les plus grands ravages dans la campagne.

Si les pluies sont continues, ou si le Limousin a éprouvé quelque orage violent, la source du Bouley semble presque tarie; les deux jets sont sans force et ne fournissent que quelques gouttes d'eau; mais, aussitôt le Gourg soulève ses eaux et s'élance avec une telle impétuosité que, dans très-peu de temps, le vallon inondé ne présente plus à la vue qu'une vaste nappe d'eau. Ce torrent, en se précipitant dans la Dordogne, ne prend la couleur de la rivère qu'à une distance considérable du confluent. L'éruption du Gourg est toujours annoncée par une espèce de bouillonnement que l'on voit sur la surface de cette fontaine, et, peu d'instants après, on voit s'élever du centre une colonne d'eau qui forme un jet vertical de quatre mètres de haut et d'environ un de diamètre. A peine l'écoulement de cette fontaine a-t-il cessé que le Bouley commence une seconde fois à vomir ses eaux avec la même impétuosité; les deux sources s'épuisent enfin et rentrent dans leur lit ordinaire. Le temps de l'écoulement et de l'intermission de ces deux fontaines n'a rien de fixe ni de déterminé. Le Bouley lance ses eaux pendant plusieurs heures, quelquefois pendant trois, quatre et cinq jours. Le Gourg sort avec impétuosité pendant trois, sept et même dix heures. En 1783, son écoulement dura dix-sept heures.

Le Bouley se montre plusieurs fois l'année. A de certaines époques, ses éruptions alternent avec celles du Gourg ; d'autres fois, l'écoulement du Gourg n'éprouve aucun degré d'augmentation, quoique le Bouley donne abondamment de l'eau, mais, ce qu'il y a de certain et d'invariable et ce qui a été observé, c'est que l'écoulement du Gourg est toujours précédé et suivi de l'éruption du Bouley, c'est-à-dire que celui-ci est toujours le premier et le dernier à lancer ses eaux.

MAYENNE.

Les Caves à Margot. — On a qualifiées de ce nom les belles grottes de *Sauges* situées aux environs de Saint-Jean-sur-Erve, village du canton de Sainte-Suzanne, à trente kilomètres de l'est de Laval ; elles sont creusées dans de vastes rochers et donnent passage à la rivière d'Erve. Ces grottes sont partagées en diverses salles dont les plus grandes sont larges de vingt mètres; la voûte est formée de rochers qui pendent sur la tête du visiteur et semblent près de tomber. Dans quelques endroits, on trouve des lézardes dans le sol dont une sonde de trente-cinq mètres n'a point atteint le fond. Ces grottes sont ornées de stalactites, de concrétions de forme bizarre; de place en place on trouve des mares d'eau peu profondes dont l'eau est très-limpide. Un sujet tout singulier a fait donner ce nom de Margot à ces grottes. Ce nom se rattache à celui d'une fée qui réside dans ces lieux souterrains pour veiller sur un trésor. Aussi est-elle encore courtisée, dit-on, par des gens crédules qui voudraient avoir part de ses richesses : munis d'une poule noire, ils se glissent furtivement au fond de la grotte, espérant que cette digne fée leur fera connaître où gît le trésor ; mais on n'a pas encore ouï dire jusqu'à présent que quelqu'un ait été favorisé par l'aimable maîtresse du lieu.

PUY-DE-DOME.

Le Mont Dore. — Cette chaîne de montagnes, les plus considérables de l'Auvergne par la hauteur et par l'étendue, doit son nom à un faible ruisseau, à la *Dor*, qui y prend sa source. On en estime la circonférence à vingt lieues. La plus haute d'entre ces montagnes, à laquelle on donne spécialement le nom de *Mont Dore*, et qui est célèbre par ses eaux thermales et ses bains, est élevée de 1,648 toises (3,210 mètres) au-dessus du niveau de la mer. C'est aussi d'elle spécialement que nous parlons ici. La large base de ce mont forme une grande et belle vallée qui s'arrondit autour de lui en demi-cercle, et le mont, en s'élevant par une pente peu rapide, forme un vaste amphithéâtre planté d'une forêt de sapins. Le sommet effilé en cône de la masse effrayante de la montagne domine la vallée et se termine enfin à 512 toises (1,000 mètres) d'élévation au-dessus du sol des bains.

La *Dor*, comme nous l'avons dit, prend sa source sur cette montagne ; elle mêle ses eaux dans la vallée avec celles d'un autre ruisseau nommé la *Dogne*, et, réunissant alors leurs noms comme leurs eaux, les deux ruisseaux s'appellent la *Dordogne*.

Mais avant de se réunir à la *Dogne*, la *Dor* se précipite de la montagne en forme de cascades. Le lieu où elle s'élance est un large ravin vertical qui, se rapprochant vers le bas par ses côtés et se terminant en pointe, offre, au loin, la figure d'un triangle. Le fond rouge du bassin rend plus éclatant encore l'argenté brillant des eaux. Partout ailleurs cette riche et sauvage décoration serait admirée, même isolée de tout ce qui l'entoure ; ici, elle ravit, parce que, placée au point central de la circonférence qui forme la vallée, elle attire et commande les regards; parce qu'enfin, à la hauteur proportionnée où elle se trouve, on la croirait une perspective posée là comme à dessein par le choix de l'art le plus habile, ou plutôt par la puissance magique d'une fée divine.

Cependant cette même cascade, dont l'aspect est adouci au loin par l'illusion de la perspective, offre des formes ravissantes; si l'on ne craint pas quelque peine et même quelque risque pour la considérer de près, on la trouvera horrible.

La cascade a une hauteur considérable; mais outre que les roches, en avançant vers le bas, en cachent une partie, elle rencontre dans sa chute plusieurs proéminences ou étages de laves; l'onde écume et s'échappe de chute en chute; les arbres et les rochers, tantôt debout, tantôt couchés, tantôt s'embrassant de leurs racines et de leurs masses, résistent d'un plan à l'autre. Le sol retentit du bruit de la lutte jusqu'à ce que les arbres, rongés, brisés par le frottement continuel et par les rochers minés, rompus, dissous, forment eux-mêmes un lit de sable au torrent qui, s'échappant par un ravin profond, va, en suivant la montagne, parcourir la vallée et s'unir à la *Dogne*. A ce grand effet du tableau se joignent des accessoires qui y répondent. Le bruit du torrent emprunté quelque chose de plus majestueux encore à l'obscurité de la nuit.

Si l'on ne veut connaître que le mont Dore, un chemin particulier y conduit ; il est même possible au visiteur d'arriver à cheval jusqu'à la base du cône qui le termine et que l'on nomme le *Pic de la Croix ;* mais à moins d'être habitué à gravir les rochers, il serait dangereux d'affronter l'ascension du pic. Il est beaucoup de personnes qui ne se verraient pas sans effroi sur la pointe de cette quille entourée de précipices de tous les côtés.

Le froid qui règne sur le mont Dore est très-vif; on y voit de la neige encore au mois d'août : cette neige diffère de celle de nos villes et de nos campagnes en ce qu'elle n'est point, comme celle-ci, composée de flocons légers en forme de duvet, mais de petits glaçons très-minces, très-luisants et assez solides entre eux pour pouvoir porter un certain poids. Sur toute la montagne il n'y a pas d'endroit plus horrible que celui où la *Dogne* prend sa source, et qu'on nomme la *Gorge des Enfers ;* il faut convenir qu'elle mérite ce nom par son aspect effroyable, par les formes affreuses des roches volcanisées qui l'entourent, par les monceaux énormes de laves brisées et d'argile cuite dont les dégradations du temps l'ont couverte. La neige en occupe le fond, ne laissant qu'un passage peu large à la *Dogne,* qui traverse la

gorge qui a un courant d'air que les eaux vives emportent toujours avec elles et qui, entrant par l'un
des bouts du canal, sort par l'autre. Mais au printemps, quand l'atmosphère est devenue plus tempérée, l'air ne peut parcourir cette route sans attiédir
et fondre la neige. À mesure que la température
devient plus chaude, la fonte augmente et creuse
enfin une véritable voûte, fort large, parfaitement
cintrée, haute d'un mètre trente-cinq centimètres,
et sous laquelle on peut passer en se baissant. Ce
qui reste de neige au-dessus de l'arcade n'a souvent
plus qu'un pied d'épaisseur, et, dans cet état, elle
forme sur le ruisseau et dans le sens du courant une
sorte de pont composé d'une arche toute en longueur.
La neige extérieure reste sèche, tandis que celle de
l'intérieur se fond et découle de toutes parts en filets d'eau; une partie sort même en gros tourbillons
sous la forme de vapeurs. C'est un spectacle singulier que cette brume épaisse s'épanchant avec un
ruisseau par la bouche d'un antre de neige; c'en est
un que cette neige elle-même, dans une saison où
plusieurs des contrées voisines ont déjà moissonné
leurs grains. Mais ce qui fait encore plus d'impression sur le spectateur, c'est de voir tous les météores
aqueux dans un lieu où le feu jadis embrasa jusqu'aux rochers, et qui, selon sa juste dénomination,
fut vraiment un *enfer*.

Descend-on dans la vallée du mont Dore, de nouveaux charmes attirent les regards du visiteur; le savant y est au milieu de richesses minérales; le peintre au milieu des sites les plus pittoresques; le philosophe s'élance vers le Créateur en se voyant entouré des dons de sa bienfaisance. Cette vallée n'offre qu'une vaste collection de curiosités où la nature laisse choisir.

Le Puy-de-Dôme. — Outre les monts Dore, on voit encore dans la basse Auvergne une autre chaîne de montagnes, qui, moins considérable que la première pour la hauteur et l'étendue, est néanmoins aussi célèbre, soit par sa forme, son élévation et par les vues magnifiques qu'elle présente; soit par les expériences fameuses sur l'air que le physicien Pascal y observa; soit enfin par ses plantes et par ses autres productions. La chaîne des montagnes de Dôme, longue de trente-deux kilomètres, court du nord au sud, étant composée de plus de soixante monts ou *puys* différents. Les monts Dôme furent non-seulement volcanisés comme les monts Dore, mais presque tous portent un caractère particulier qui les distingue. Parmi tous ces monts, le *grand Puy,* placé vers le centre de la chaîne, les surpasse tous en hauteur et semble un géant au milieu de ses enfants. Ce qui contribue surtout à lui donner cet air de paternité, c'est une montagne nommée le petit *Puy-de-Dôme* qui, s'élevant à ses côtés, est attachée à lui par sa base, et moins haute seulement de quatre-vingt-quatre toises (cent soixante-cinq mètres).

Pour bien voir le grand Puy, il faut le considérer d'un endroit nommé la *Baraque*, à quelque distance de Clermont : c'est là son véritable point de vue ; nulle part il n'a cette même majesté ; c'est là seulement qu'il offre ce cône majestueux qui, exact dans ses énormes proportions, a pour cime un plateau que, dans certains cantons, on regarderait comme une montagne très-étendue.

A cette beauté sublime il joint encore les agréments d'une beauté riante. Malgré sa pente escarpée, il est couvert d'herbe dans toute sa surface, excepté dans deux ou trois endroits où il laisse percer des protubérances de laves couleur gris-blanc, qui semblent ne se montrer là que pour avertir qu'il a été volcanisé, et qu'il ne l'a pas été comme les autres montagnes. On ne saurait croire combien ce jet magnifique est agréable sous sa robe verte, et quel charme inconcevable lui donne cet ensemble de grandeur et de grâce. Les voyageurs qui ont parcouru les Pyrénées et les Alpes, ont pu voir assurément des montagnes plus imposantes par leur élévation et même par leur volume, mais difficilement ils en auront rencontré une mieux dessinée, mieux filée, et surtout mieux placée pour plaire. Le pic a la forme d'un dé à coudre. Depuis sa base jusqu'à son sommet, l'œil parcourt un tapis de verdure sur lequel paissent de nombreux troupeaux. On monte au pic par deux chemins différents ; l'un, au midi, est nommé le chemin d'*Alagnat*, parce qu'au delà du Dôme il conduit à cette commune ; l'autre, au nord, est appelé le chemin de *Gravouse*, parce qu'il est recouvert d'une pouzzolane que les paysans désignent sous le nom de *grave* ou gravier.

A l'est et au sud, le Puy est parfaitement isolé ; au nord et à l'ouest, il est adossé à plusieurs autres montagnes plus petites qui, appuyées elles-mêmes les unes contre les autres, lui servent en quelque sorte d'arc-boutant, et donnent de ce côté en pâturages une étendue qu'on est étonné de lui trouver, parce que, quand on voyait le Puy de la plaine, ces monts étaient cachés par sa crête. Quoique le Puy ne soit qu'un rocher brûlé, cependant les pluies et les vapeurs dont il est imbibé sans cesse lui donnent une fécondité rare, et cette fécondité, il la communique aux montagnes qui l'entourent ; toutes, si l'on en excepte une ou deux, sont couvertes ainsi que lui d'une herbe touffue, et toutes servent de pacage.

Il nourrit encore une infinité de plantes et de simples renommés par leur vertu, qu'on vend pour du vulnéraire suisse.

Arrivé à la cime du pic, on jouit d'un des plus beaux spectacles et d'une des plus riches vues de toute la France. Élevé de huit cent vingt toises (1750 mètres) au-dessus du niveau de la mer, de cinq cent soixante toises (1140 mètres) au-dessus du sol inférieur de Clermont, de quatre-vingt-quatre toises (170 mètres), au-dessus du petit Dôme, le visiteur croit voir, comme les dieux de l'Olympe, l'univers à ses pieds, car rien ne borne plus ses regards. Il a sous les yeux les soixante puys avec leurs cratères antiques, leurs ravins, leurs courants de laves et leurs lits de pouzzolane noire ou rouge. Plus loin, c'est la *Limagne*, la Limagne tout entière avec ses villes, ses villages et ses monticules sans nombre. Partout se montrent des champs de toutes couleurs, des vignobles, des habitations, des chemins à perte de vue; des groupes de montagnes; enfin, quatre ou cinq départements différents et un pays de cent trente lieues se déroulent devant lui. Accoutumé à ne mesurer de l'œil que des espaces limités, le spectateur est effrayé de cet horizon sans bornes; ses regards incertains craignent de s'égarer dans cette immense étendue; ils cherchent au loin quelque objet où ils puissent reposer, et croient presque voir l'immensité.

Pour se délasser d'un spectacle fatigant, qui finit par porter à la tête une sorte d'étourdissement et d'ivresse, le visiteur se promène sur le Puy; il le parcourt à différentes hauteurs et cherche à connaître sa nature. Tout y paraît nouveau ; il voit un rocher que les flammes d'un volcan n'ont point fondu, mais qu'elles ont tellement altéré qu'aujourd'hui sa nature primitive n'est plus reconnaissable. Par un prodige inconcevable, leur effet fut assez violent pour calciner sa masse entière, pour y produire des tubérosités et des boursouflures très-volumineuses ; mais, par un autre prodige plus incroyable encore, cette masse ne coula point, ou au moins sa lave s'est fort peu étendue.

Le Puy de la Poix. — Le puy, ou ce qui est la même chose, la montagne de la Poix, à une lieue de Clermont, est nommé ainsi à cause d'une fontaine qui sort d'un rocher à côté de la montagne. Il y a, dans ce rocher, une espèce de bassin du fond duquel l'eau et la poix sortent par une ouverture de cinq centimètres de haut sur quinze au moins de large. C'est là le seul endroit par où l'eau coule avec la poix ; dans toutes les autres sources la poix coule toute seule. Ici elle sort de trois manières différentes. La poix la plus fine et la plus gluante couvre toujours la surface de l'eau d'une peau d'environ trois ou quatre lignes d'épaisseur ; l'eau charrie avec elle une sorte de poix graveleuse et par conséquent plus pesante, qui demeure toujours au fond de la

fontaine et qui en fait la vase. A quinze centimètres
au-dessus de l'ouverture en question, il y a dans le
rocher une veine ou fente d'où il sort aussi de la
poix qui se joint à celle qui surnage; mais de ce
dernier endroit la poix suinte plutôt qu'elle ne coule.

La première poix dont on vient de parler se lève
continuellement du fond du bassin, et vient former
sur la surface de l'eau une peau ou une croûte dans
toute l'étendue de ce bassin. On peut l'enlever tout
entière sans la rompre, parce qu'elle est fort gluante
et qu'elle file beaucoup. Mais il en revient bientôt
une nouvelle qui s'épaissit de plus en plus lorsqu'on
la laisse. Cette poix a formé, au-dessus du bassin, un
rocher composé de différentes couches de poix, de
poussière que le vent y porte, de gravier et de pierre
qui tombe du haut de la montagne. Ce rocher est
fort dur, et l'on ne saurait le casser qu'à grands
coups de marteau. Cependant nous ne conseillons
pas d'y marcher quand le soleil a donné quelque
temps dessus, car on risquerait bien d'y laisser ses
souliers collés pour toujours au sol.

Quand on a enlevé la croûte qui surnage sur la
fontaine, l'eau a d'abord la couleur d'ardoise, et
quand on en puise, elle paraît fort claire; mais malheur à celui qui ne résisterait pas à l'envie d'en
boire! de longues provocations de salive et de vomis-
sements puniraient son imprudence.

5.

Ce qu'il y a de plus singulier, c'est que les pigeons recherchent cette eau avec avidité, et que l'instinct ou l'expérience leur a fait prendre des précautions pour se poser sur le bord de la fontaine, de peur qu'ils ne s'y prennent comme à la glu. On a remarqué qu'ils n'y vont ordinairement que de grand matin, et avant que le soleil n'ait échauffé la poix. Il ne faut pas omettre que le fer que l'on trempe dans cette eau se rouille presque sur-le-champ, et que les pots d'étain qui la renferment deviennent tout noirs en dedans sans qu'on puisse les nettoyer autrement qu'en les faisant refondre.

Quand on est à la fontaine, on aperçoit, à main droite, deux sources de poix toute pure ; la poix n'en coule un peu abondamment qu'en été. Ces sources ne sortent point du rocher, mais seulement de la terre, et forment, comme la fontaine, une espèce de rocher dans leur chute.

Il ne vient aucune sorte d'herbes dans l'endroit où la poix coule actuellement, ni dans ceux par où elle a une fois coulé ; mais il en vient tout auprès, et tout le côté septentrional ou monticule en est couvert ; elle est courte et d'un vert fort pâle. Le rocher qui fait la cime de ce monticule est noir.

Le Rocher de Deveix. — Ce rocher, situé à quelque distance de Rochefort, au sud-ouest de Clermont, est d'aplomb sur son lit de roche et à mi-

côte ; il a onze mètres de circonférence perpendiculaire, et seize environ de circonférence horizontale.
Il se remue si facilement que dès qu'on fait levier
de bas en haut, en pressant fortement avec l'épaule,
on le voit vibrer très-sensiblement et plusieurs fois
avant de revenir à son immobilité. Il est probable
que cette roche, en équilibre sur une autre, était
autrefois enclavée dans des terres que les pluies
auront peu à peu détachées.

Le Lac Pavin. — Ce lac, placé sur la cime du
mont Dore, est, par sa forme et ses détails, un des
plus beaux et des plus singuliers lacs de nos pays,
et ajoute au nombre un des plus beaux monuments
dont la nature a enrichi le sol de l'Auvergne.

Placé dans le cratère d'un ancien volcan, ce lac
ne serait là qu'un objet extraordinaire s'il y était nu,
isolé et de toutes parts à découvert. Mais ce qui le
pare et ce qui lui donne un charme inexprimable,
c'est un rideau de verdure haut d'environ quarante
mètres, qui, s'élevant sur ses bords, le suit dans son
contour, s'arrondit comme lui et le couronne agréa-
blement. Quoique cette ceinture ait un talus si
escarpé qu'on ne peut y marcher sans risquer de
tomber dans le lac, cependant elle est presque partout couverte de pelouses ; une grande partie en est
même couverte de bois. Au temps que le volcan était
en action, il avait dans sa couronne une échancrure

par laquelle s'écoulaient les substances liquides et fluides qu'il vomissait. Actuellement, c'est par là que le lac déborde; l'eau y coule sur un lit de laves qui forment une sorte de déversoir. Du banc de laves, elle tombe en cascade dans un canal qu'elle s'est creusé sur le penchant de la montagne; et, gagnant un vallon que traverse le ruisseau de la Couse, elle va se jeter avec lui dans l'Allier près d'Issoire.

Il faut remarquer encore que le rideau, à mesure qu'il approche de la digue de laves, diminue peu à peu de hauteur et vient insensiblement se confondre avec elle, de sorte que l'ouverture, qui n'eût été qu'un objet frappant si elle avait été taillée verticalement dans ce mur de quarante mètres, devient, par cette pente douce, un objet d'autant plus agréable que c'est par là que l'on monte au lac et qu'on peut le voir.

Le bord inférieur du bassin forme une sorte de banquette horizontale qui, d'un côté, tient au rivage, de l'autre, s'avance de quatre à cinq mètres sous l'eau. Dans cet espace, elle est couverte de fragments de laves placés les uns près des autres, comme le serait un pavé naturel. Le cratère, au lieu d'avoir un talus comme paraîtrait l'annoncer sa forme d'entonnoir, s'enfonce tout à coup perpendiculairement; on ne voit plus que de l'eau, et le lac devient un abîme. Du reste, point de joncs sur ses bords, point de plantes aquatiques, point de bourbier ni de limon, rien enfin qui annonce le marécage. On dirait que la main d'un génie veille sans cesse à le tenir propre et riant.

En hiver, l'eau y gèle à une grande épaisseur ; alors, non-seulement on peut se promener sur l'abîme, mais on se sert même de cette circonstance favorable pour exploiter les bois du rideau qui, sans cela, seraient inexploitables.

On est parvenu, non sans difficulté, à sonder le fond de ce vaste lac ; on a trouvé quatre-vingt-seize mètres de profondeur. Quelque étonnante que soit une pareille hauteur dans un bassin d'eau douce, elle dut être bien autrement considérable au moment où il n'était encore que le foyer d'un volcan éteint ou un gouffre écroulé. La limpidité des eaux de ce lac dépasse toute description ; leur vue seule donne la soif.

La Grotte de Royat. — Royat est une jolie commune peuplée de douze cents habitants ; elle est située à cinq kilomètres de Clermont, et c'est sur son territoire qu'est située la grotte qui porte son nom. — Une coulée de laves est venue se répandre dans l'ancien vallon de Royat, traversé dans sa largeur et creusé très-profondément par le ruisseau de Fontanat ; elle s'élevait à pic des deux côtés du ruisseau et formait co me deux murs très-élevés qui étaient à quelque distance l'un de l'autre, et entre lesquels elle coulait comme dans une ravine. Qu'on se figure, pour l'un de ces murs, une masse de basalte haute d'environ quinze mètres, fendillée en divers sens d'une manière très-bizarre, taillée plus bizarrement encore et couronnée par des arbustes très-verts ; c'est au pied de cet étrange assemblage qu'est la grotte avec ses fontaines.

Large de neuf mètres, profonde de huit, la grotte en a trois et demi au point le plus élevé de son cintre. Une pareille ouverture suffirait pour lui donner une clarté brillante ; mais comme elle se trouve dans une ravine, comme, d'ailleurs, elle regarde le nord et que le soleil n'y peut pénétrer qu'en été et pendant quelques instants, elle offre, quand on la voit d'une certaine distance, cette obscurité douce que les anciens regardaient comme sacrée. Les sources en occupent le contour intérieur, et il y en a sept, ou plutôt il n'y en a qu'une seule, mais si abondante, que pour son issue il lui faut sept bouches différentes. Dans ce nombre, il en est qui n'ont qu'un jet faible ; il y en a qui jaillissent avec force et font cascade, tandis que d'autres, arrêtées dans leur chute par la convexité du roc, s'arrondissent comme lui et se répandent en nappe.

Ce coup d'œil, varié par lui-même, le devient encore plus par un accessoire qui tient à la nature du lieu. Le tuf sur lequel débouchent les jets étant incliné vers Clermont, comme la pente de la montagne, tous les jets sont, les uns par rapport aux autres, inclinés comme lui. L'œil les voit successivement former entre eux différents étages et baisser de hauteur, ainsi que les tuyaux de nos jeux d'orgues ; et ce phénomène singulier, que le physicien ne s'attendait pas à trouver dans un si petit espace, lui fournit à la fois et une observation curieuse et un spectacle agréable.

Il n'est pas jusqu'aux parois de la caverne qui n'intéressent par le beau vert des lichens, des mousses et des capillaires qu'elles nourrissent. La voûte elle-même amuse l'œil, soit par l'irrégularité de sa coupe, soit par les couleurs variées des substances qui la tapissent, soit enfin par les tubérosités et tous les objets multipliés qu'elle offre. A sa partie antérieure ce sont quelques fragments de basalte qui, en apparence détachés de leur masse quoique suspendus encore, semblent menacer la tête du spectateur. Il avance dans la grotte pour éviter cette sorte de danger ; là, vers les deux extrémités, la voûte se relève, et, creusant en quelque sorte le rocher, forme deux espèces de coupoles plus hautes que l'ouverture elle-même. L'une des deux, incrustée de scories volcaniques, ressemble à ces grottes artificielles que l'art élève dans nos jardins ; mais ce que l'art ne peut offrir et que donne ici la nature, c'est la fraîcheur de ces scories qui, toujours humectées par l'eau qu'elle laisse dégoutter, et coloriées en rouge par la dissolution du fer qu'elles contiennent, sont entourées de capillaires très-verts ; c'est une veine de scories très-noires qui, traversant la couche violette vient, comme elle, se marier et se perdre dans la teinte des capillaires ; c'est enfin cette stillation abondante d'une eau très-limpide qui, en certains endroits, tombant par gouttes, dans d'autres par filets continus, semble offrir cent colonnes de cristal au milieu d'une pluie d'argent.

Placé au centre de ce théâtre de beautés et d'horreurs, de quelque côté que ses yeux se portent, le spectateur n'aperçoit que des objets intéressants. Aujourd'hui, malheureusement, la grotte sert de lavoir et se dégrade tous les jours.

Bouches de Chalucet. — Les beautés et singularités de ce phénomène sont encore l'effet des éruptions volcaniques des montagnes d'Auvergne. Chalucet est un hameau situé à six kilomètres du chef-lieu de canton Pontgibaud, et composé de dix ou douze masures couvertes en chaume. Le visiteur qui fait le voyage à cheval ou en voiture est obligé de laisser ses chevaux dans ce lieu misérable, descendre la montagne à pied et s'avancer vers un vallon que traverse la *Sioule*.

Après quelques pas, l'oreille est frappée d'un bruit

sourd et lointain dont on ne peut d'abord deviner la cause, mais que bientôt on reconnaît être celui d'une eau courante; peu considérable en lui-même, mais grossi et renvoyé au loin par les échos du vallon il ressemble, d'une certaine distance, au mugissement des vagues de la mer. Ce n'est pourtant que le murmure de la Sioule qui, descendue du voisinage des monts Dore, coule dans cet endroit sur des laves et gronde entre les montagnes, dont elle est obligée de suivre les sinuosités. Dans la saison des pluies et à la fonte des neiges, ce torrent s'élève très-haut, ainsi qu'on peut le voir par les roches qu'il a atteintes et rongées. Dans les sécheresses, au contraire, à peine son lit a-t-il quelques pouces d'eau; mais alors aussi l'espace qu'il abandonne se couvre d'une pelouse verte, et c'est sur ce gazon frais qu'il faut descendre pour considérer le volcan dans la perspective la plus favorable.

Il consiste en un massif de laves qui, quoique adossé contre la montagne et placé vers sa base, est cependant assez considérable pour paraître, du lieu où l'on est, la surmonter et en former la cime. La face antérieure présente plusieurs bouches horizontales, dont quatre, entre autres, offrent l'aspect d'antres et de cavernes qui ont servi autrefois de couloir aux matières fluides et enflammées; et ces matières formèrent sept coulées qui, maintenant sépa-

rées les unes des autres par des lits de fougères, s'é-
lèvent perpendiculairement sur le penchant de la
montagne. Les plus considérables des sept sont les
deux extérieures. Elles partent chacune d'une des
extrémités du massif volcanique, s'en éloignent en
décrivant une courbe qui le dérobe de beaucoup ; et,
formant ainsi aux autres coulées une sorte d'enceinte et au massif lui-même deux espèces d'ailes
en avant-corps, elles vont, par une pente très-rapide,
se jeter dans le lit de la Sioule, où jadis elles furent
arrêtées par une montagne de granit qui est de
l'autre côté de la rivière.

Au grand effet de ce spectacle s'en joint encore
un autre, celui des bouches elles-mêmes, dont les
unes, comme si elles venaient de s'éteindre, ont le
noir foncé du charbon, tandis que les autres, rouges et
ardentes comme le feu, paraissent encore embrasées.

Le volcan semble encore ce qu'il fut autrefois. La
situation horizontale de ses bouches l'a conservé in-
tact ; on dirait qu'il ne lui manque plus que des
flammes, et l'on regrette presque de n'être pas arrivé
quelques jours plutôt pour l'avoir vu brûler. Si jamais
spectacle put donner à une nation l'idée d'une entrée
des enfers, c'est assurément celui-ci ; et il est très-
probable que c'est quelque antre volcanique de ce
genre qui fit imaginer en Italie ces portes de l'Averne,
décrites par l'auteur de l'*Énéide*.

Après avoir considéré le volcan au bord de la Sioule et à son point de perspective, il faut gravir la montagne pour le voir de près et pour jouir de tous ses détails. On peut même, à l'aide des proéminences qu'offre sa lave, grimper dans les cavernes; mais, quoiqu'elles ne soient pas fort hautes, l'entreprise néanmoins exige quelque adresse et n'est pas sans danger; car si le pied venait à glisser ou que la tête tournât, à coup sûr on roulerait au pied de la montagne et l'on y serait brisé.

La Fontaine pétrifiante. — Cette fontaine jaillit dans le quartier Saint-Athyre, à Clermont. Ses eaux ont la propriété de couvrir en peu de temps les objets qu'on y plonge d'une couche calcaire et très-dure. Les habitants de Clermont, qui connaissent particulièrement les propriétés de cette fontaine, y placent différentes substances qu'ils y laissent incruster, et qui deviennent ensuite pour eux des objets de curiosité. Les incrustations d'animaux réussissent mal, parce que l'animal se corrompt en même temps qu'il s'incruste. Les plus agréables, ainsi que les plus sûres, sont celles de raisins pris un peu avant leur maturité. Le sédiment, en se moulant sur le fruit, lui laisse sa forme; et, pour le fruit que l'on a confié à l'eau, on reçoit en échange une belle grappe de raisin formée de pierre.

PYRÉNÉES (Basses-).

Chaîne des Pyrénées. — Les Pyrénées, les plus hautes montagnes de la France après les Alpes, s'étendent de l'océan Atlantique à la Méditerranée sur l'espace de trois cent soixante kilomètres, dans une direction uniforme de l'ouest-nord-ouest vers le sud ; on distingue deux chaînes, dont l'une s'étend sur les bords de l'Océan, se termine par les montagnes Maudites et se continue jusque vers la Méditerranée. La chaîne orientale, qui s'élève au nord de la Maladetta, commence par des sommets beaucoup moins élevés que ceux du centre ; mais sa hauteur s'accroît à mesure qu'elle s'approche de la Méditerranée.

La pente des Pyrénées est moins escarpée du côté de la France que du côté de l'Espagne. On découvre les neiges persistantes à la hauteur de deux mille quatre cents mètres, elles occupent une bande de mille à douze cents mètres, et résistent, à l'est, aux rayons du soleil ; mais, au nord et à l'ouest, elles se fondent presque toujours. Les glaces permanentes n'occupent qu'une bande de six cents mètres. Elles se forment de l'accumulation extraordinaire des neiges dans les lieux où le vent les rassemble. On les nomme dans le pays *sernelhes*. Depuis le Marboré jusqu'à la Maladetta, couverte de neige en tous temps et ceinte de larges bandes de glaces, il existe un nombre considérable de glaciers que l'œil exercé reconnaît de loin à leur teinte bleuâtre, à leur coupure nette et à des fentes qui les traversent.

Les habitants des Pyrénées connaissent, comme ceux des Alpes, les phénomènes terribles et imposants des avalanches, ou masses de neiges qui glissent le long de la pente des montagnes et qui entraînent tout dans leur chute. Les ouragans, qui élèvent souvent d'immenses tourbillons de neiges dans les régions supérieures, sont si terribles, surtout dans les ports ou passages, que c'est un proverbe parmi les montagnards, *que là le père n'attend point le fils, ni le fils son père.*

En comparant la zone glaciale des Pyrénées à celle des Alpes, on est d'abord frappé de leur différence en largeur. Celle-ci a deux mille six cents mètres de large ; la première n'en a que six cents. Cependant les pics les plus élevés de ces deux chaînes ne diffèrent en hauteur que de douze cents mètres, et en latitude que de trois degrés et demi. L'air des montagnes du premier ordre est aussi pernicieux que celui des montagnes inférieures et moyennes est favorable.

Après avoir jeté un coup d'œil sur cette chaîne immense, connue et célèbre depuis Hérodote jusqu'à nos jours, nous allons parler des hautes Pyrénées, qui appartiennent au département du même nom.

Hautes Pyrénées. — La longueur de la crête des montagnes qui bornent le département des Hautes-Pyrénées, d'orient en occident, est de soixante kilomètres ; la largeur réduite des montagnes, depuis la crête jusqu'à leur base, est de vingt-huit kilomètres, ce qui donne une surface carrée de mille six cent quatre-vingts kilomètres. Cette partie de la chaîne, qui est réellement la plus élevée, en forme comme le centre et le noyau ; c'est elle qui a donné au département le nom qu'il porte.

Les Pyrénées se découvrent de fort loin : on les voit se déployer avec majesté à peu de distance de Toulouse, disparaître ensuite, se dérober un instant aux regards du voyageur, et reparaître plusieurs fois comme entassées, pour ainsi dire, les unes sur les autres, se servant réciproquement d'appui et offrant le tableau le plus pittoresque et le plus majestueux.

Leur aspect varie beaucoup, suivant l'état de l'atmosphère, le plus ou moins de clarté du jour ; une vapeur légère les enveloppe presque toujours. Le matin, le midi et le soir offrent chacun des nuances qui changent par gradations et se modifient à chaque instant. Ces variations sont plus remarquables en été, quoique chaque saison ait les siennes. Leurs sommités blanchissent à la chute des neiges ; elles sont resplendissantes lorsqu'un beau soleil les éclaire ; une teinte jaunâtre annonce un commencement de fusion ; alors on voit paraître, de distance en distance, des points noirâtres, plus ou moins larges, qui s'agrandissent successivement de la base au sommet à mesure que la fonte s'opère ; au commencement de l'été, toute la surface reprend une teinte uniforme.

Tel est, en général, l'aspect des hautes Pyrénées vues de la plaine. Dans cette position, on n'aperçoit presque pas les gorges qui les sillonnent, ni les anfractuosités, les gouffres et les précipices qui en forment à la fois un tableau terrible et imposant. On ne voit pas ces lacs nombreux, ces glaciers que le soleil ne fond jamais entièrement, ces grottes souterraines, ces ponts de neige, ces cascades, qui font l'admiration du voyageur. C'est sur les grandes sommités qu'il faut gravir, c'est à l'extrémité des vallées qu'il faut pénétrer pour jouir de ces beautés sauvages, de ces jeux de la nature, qui remplissent l'âme d'étonnement, d'admiration, de surprise agréable, d'horreur et d'épouvante.

Voici la hauteur de ces montagnes au-dessus du niveau de la mer, déterminée par MM. Vidal et Reboul, et particulièrement calculée par M. Ramond : Pic du Midi de Bigorre, 2,973 mètres ; pic Montaigu, 2,396 ; pic de Bergons, 2,113 ; le Néouvieille, 3,155 ; le pic Long, 3,251 ; le Vignemale, 3,356 ; la Brèche de Roland, 2,943 ; première Tour-du-Marboré, 3,188 ; le sommet Cylindrique, 3,332 ; le mont Perdu, 3,436, et le pic d'Arbizon, 2,885 mètres.

La chaîne est traversée par plusieurs cols ou passages, qui permettent de pénétrer de France en Espagne ; mais ils sont très-élevés. Leur entrée est souvent obstruée par les neiges, et ils sont souvent parcourus, comme nous l'avons dit plus haut, pendant l'hiver par des ouragans terribles, qui engloutissent dans les neiges les imprudents voyageurs. Voici les principaux de ces passages, fréquentés seulement pendant une partie de l'année : le port de Cavarère, tracé au fond de la vallée d'Aure, à la hauteur approchée de 2,243 mètres ; le port de Pinède, 2,516 ; celui de Gavarnie, le plus fréquenté des passages des hautes Pyrénées, 2,331 ; le Tourmalet, passage intérieur, 2,175 mètres.

La nature s'est jouée, dans la formation de ces monts, des règles qu'elle semble avoir suivies ailleurs. Quelques voyageurs ont été surpris de ne voir dans les Pyrénées aucune des preuves incontestables du passage de la mer ; d'autres n'y trouvent pas le plus léger indice de volcans. Quant aux volcans,

il faut avouer qu'on n'en a dévouvert jusqu'ici que
de faibles vestiges ; mais les tremblements de terre,
qui en sont un accessoire souvent aussi effrayant
que les éruptions mêmes, y sont très-fréquents. Le
tremblement de terre de l'année 1660 dérangea le
cours des fontaines ; un grand nombre furent re-
froidies et perdirent leurs qualités salutaires. Celui
de l'année 1678 grossit subitement les eaux de la
Garonne et de l'Adour ; elles sortirent avec violence
des entrailles des montagnes ; après s'être ouvert
plusieurs passages et avoir entraîné les arbres et les
plus gros rochers, des montagnes entières furent
affaissées. Lors de l'affreuse catastrophe de Lisbonne,
la terre s'entr'ouvrit près de Junéadas, des maisons
furent renversées à Lourdes ; une montagne entière
disparut et fit place à un lac. Lorsque la Sicile et la
Calabre furent ébranlées, les Pyrénées se ressenti-
rent également de ce désastre.

Ces montagnes offrent sans cesse au botaniste, au
géologue, au physicien l'occasion d'étudier la nature. Chaque canton a quelque production particulière. A la vue d'une si prodigieuse quantité de
plantes indigènes et de minéraux, il n'est personne
qui ne se laisse entraîner à des recherches pé-
nibles.

On ne voit plus de grands glaciers dans les
Pyrénées ; les plus considérables, après avoir résisté

longtemps aux rayons du soleil, se sont enfin amollis et ont coulé du haut des montagnes.

La partie la plus élevée des Pyrénées est couverte de neige dans toutes les saisons. Ces neiges ne fondent jamais avec autant d'abondance qu'au temps des pluies du printemps et de l'été, portées par les vents du sud-ouest et du sud, et qu'après un orage. C'est alors que la confusion règne de toutes parts. Qu'on se figure le silence morne et effrayant qui précède cette terreur, et puis le fracas universel qui le suit, l'obscurité des nuages entassés, le mugissement des vents; ces tourbillons furieux, qui se précipitent des régions supérieures, s'élèvent de la profondeur des vallées; le bruit long et soutenu du tonnerre, les éclats de la foudre qui sillonne les airs, des torrents de neige fondue accélérés par les averses, et ces grands amas d'eaux qui débordent de toutes parts, enfin le fracas des rochers qu'elles détachent et entraînent dans les abîmes. Malheur à qui se trouve seul égaré dans ces déserts! Qui ne se sentirait glacé d'épouvante en voyant s'écrouler les montagnes et la terre se changer en un lac sous ses pas? Qui ne croirait que c'en est fait de la nature entière et que dans l'instant tout va s'abîmer dans le chaos? Quels ravages ne doivent-elles pas produire ces fontes subites et fréquentes qui se forment à une élévation de quinze cents toises au-dessus du niveau

de la mer, tombent souvent d'une hauteur perpendiculaire et entraînent avec elles des masses
énormes? A cette espèce d'avalanche, ajoutez celles
qui sont produites en hiver par des neiges abondantes, qu'un coup de vent détache des sommets et
précipite dans les ravins. Elles grossissent toujours
dans leurs cours; elles entraînent des amas de
pierres et de terres, forment quelquefois des ponts
sur les torrents et comblent les vallons. Souvent elles
sont accompagnées d'un sifflement épouvantable;
alors rien ne résiste à l'impétuosité de leur cours,
et la commotion de l'air qu'elles produisent est telle
que les obstacles sont renversés avant le choc même
des lavanges. On a vu des villages entiers de la vallée de
Baréges, la plus exposée à ces accidents, perdus et dis-
persés; ceux de Chaize et de Saint-Martin furent entièrement détruits avec leurs habitants par les lavanges
du 10 février 1601. Un vent ordinaire suffit pour
déterminer ces chutes. Lorsqu'on a fait attention à
quel degré le moindre son se multiplie et retentit
dans les montagnes, combien les coups de tonnerre
les plus légers, en se répercutant, y causent de commotions, on ne sera pas surpris que les voyageurs,
assez intrépides pour traverser ces montagnes dans
la saison des lavanges, persuadés que le plus sim-
ple ébranlement dans l'air suffit pour les détacher,
prennent la précaution jusqu'à passer dans le plus

grand silence et jusqu'à ôter les sonnettes à leurs mulets.

Malheureusement, les avalanches et les éboulements de neige ne sont pas les seuls dangers auxquels les habitants des Pyrénées soient exposés. De temps à autre, de grandes montagnes s'affaissent, s'écroulent, bouleversent tout ce qui se trouve autour d'elles et portent au loin le ravage et la désolation. Une grêle de pierres, descendues du pic d'Héas, se jeta, en 1650, sur le vallon d'Héas, et rebondit du fond du vallon jusque sur la pente opposée. Un grand lac naquit de l'épanchement des torrents qu'arrêtait la barre qui venait de se former. Ce lac n'a pas subsisté longtemps; en 1788, une autre convulsion l'a fait disparaître.

Les Pyrénées offrent à chaque pas des couches interrompues, des débris de roches entr'ouvertes, de lits de terre coupés à plomb; en sorte que les eaux des pluies, avec les brouillards et les rosées, filtrent aisément par toutes les ouvertures et forment dans la terre des bassins, où elles demeurent jusqu'à ce qu'elles trouvent une issue.

Une des principales beautés des Pyrénées, et celle qui excite le ravissement des voyageurs, ce sont les magnifiques cirques, ou amphithéâtres, qui forment les intervalles qui les séparent, et que les gens du pays nomment *oules*.

L'oule de *Gavarnie* est un de ces objets singuliers qu'on chercherait en vain hors des Pyrénées. L'oule d'*Estaubé*, beaucoup plus développée, est cependant moins remarquable; mais celle qui les surpasse toutes, c'est l'oule d'*Héas*. Lorsqu'on atteint le plateau de *Troumousse*, et qu'on se trouve au niveau de ce cirque majestueux, on reste interdit à la vue d'un objet aussi frappant. Les deux chaînes, qui jusque-là ont resserré la fente, s'écartent tout à coup l'une de l'autre. Du lieu où se trouve le spectateur, elles semblent se courber en un vaste croissant. L'une de ces branches se termine par deux énormes rochers, qui se projettent comme deux bastions. On les voit d'Héas; leur blancheur contraste fortement avec le ton rembruni des murailles qui les accompagnent. Entre eux est la rampe qui conduit au port de la Caneau. L'autre branche du croissant est une longue montagne, tout unie et nue, dont le sommet, terminé en plate-forme, est surmonté d'un rocher tronqué qui se perd dans les nues. Ce rocher, appelé la *Tour des Aiguillons*, ressemble au Marboré, et, quoique son élévation soit bien moindre, cependant son isolement lui donne une sorte d'avantage; il domine sans concurrents le cirque et son enceinte. Troumousse réunit les deux branches du croissant; chargée de glaces, hérissée d'aiguilles, sillonnée de profondes déchirures, d'où s'écroulent des torrents de ruines, elle maintient, par la fierté de ses formes, l'espèce de prééminence que lui assure sa position seule. L'espace renfermé dans une pareille enceinte serait un gouffre s'il n'était immense. Cette enceinte n'a nulle part moins de huit à neuf cents mètres de haut ; mais elle a plus de deux lieues de circuit. L'air est libre, le ciel ouvert, la terre parée de verdure ; de nombreux troupeaux s'égarent dans cette étendue, dont ils ont peine à trouver les limites. Trois millions d'hommes ne le rempliraient pas ; dix millions auraient place sur son amphithéâtre, et ce superbe cirque se trouve à la crête des Pyrénées, à dix-huit cents mètres d'élévation et au fond d'une gorge hideuse, où le visiteur se glisse en tremblant le long d'un misérable sentier dérobé aux précipices.

Les jouissances qu'on éprouve à la vue de ces scènes ne sont rien encore en comparaison de celles qui attendent le voyageur sur le sommet de ces montagnes. « Veut-on connaître, dit M. Ramond, les Pyrénées ? Eh bien, au lieu de se traîner le long d'une couple de sentiers que la routine à tracés, que l'on monte au *Pimené* ; peu de sommets sont d'un accès aussi facile ; aucun autre peut-être ne dédommagera aussi complétement de ce qu'il en aura coûté pour l'atteindre. Sont-ce des aspects que l'on cherche ? voilà le *mont Perdu*, le *Cylindre*, le *Mar-*

boré, ses tours et ses créneaux ; on les a vus séparés, il faut les voir ensemble ; on les a vus de loin, il faut les voir de près ; on les a vus du fond des vallées, il faut les voir de niveau, dominer ces vallées, ces cirques, ces amphithéâtres et les sources des longues cascades qui en franchissent les degrés. Comme ces murailles s'élèvent du sein de ces obscures profondeurs ! Comme elles surmontent le confus amas des Pyrénées ! Quelles formes ! quelle couleur ! quel jour en éclaire le faîte, et quelle distance ces clartés mettent entre elles et tout ce qui rivalise avec elles ! C'est ainsi que les hauteurs extraordinaires se distinguent des hauteurs communes. Plus on s'élève et plus on est accablé de leur supériorité, et la comparaison de ce qui en approche le plus est encore ce qui les rehausse davantage. »

Montagnes du Bigorre — Cette partie des Pyrénées, pleine de beautés de tous genres, offre un spectacle digne des regards de l'observateur. Sept vallées, remarquables par leur situation pittoresque et par leurs productions variées, la divisent en autant de groupes ; ces montagnes ont éprouvé anciennement des changements considérables, on ne saurait faire un pas sans rencontrer des traces de bouleversement de tout espèce. Souvent, dans ces lieux sauvages, aucun être n'a respiré, aucune plante n'a végété, aucun sentier battu ne peut rassurer le voyageur sur la fin de sa route; aux moindres variations de l'atmosphère, les tempêtes et les tonnerres les font retentir de leurs effroyables roulements. Des brouillards épais cachent les traces des izards, les seules qui puissent servir de guide dans ces lieux où s'offrent de tous côtés des gouffres effrayants.

Au mois de mai, d'impétueuses cataractes se précipitent de tous côtés du haut des montagnes; les inondations causées par les fontes de neige subites et par des pluies abondantes se rassemblent aussitôt dans des vallons resserrés. Les arbres, brisés par la violence des vents, interceptent souvent le cours des torrents, ou, emportés eux-mêmes, ils entraînent avec eux les maisons et les habitations suspendues au penchant des montagnes. Les éboulements des terres, l'écroulement des masses de rochers qui paraissent inébranlables, tous ces désastres se renouvellent jusqu'au mois d'octobre.

Comme il n'y a, dans les sept vallées du Lavedan, de grande route commode pour les voitures que celle de Baréges; le pays est peu fréquenté par les voyageurs, mais il est intéressant pour les amateurs de la belle nature; des beautés sans nombre les y attachent; ils ne regrettent plus le chemin. Bientôt le pays se resserre; deux montagnes pyramidales, isolées et opposées forment la grande entrée du Lavedan. Ce sont les premiers degrés du vaste amphithéâtre couronné par les montagnes d'*Avant-Aigue*, d'*Ozme*, de *Cauterets* et de *Barèges*. Le pic de *Solon* élève sa tête et se perd dans les nues. La chaîne de ces montagnes commence à l'ouest, se replie, se divise du sud à l'est pour former deux grands bassins. Ces premières roches de pierre à chaux, couvertes de bois et tapissées de buis, ne présentent à l'œil que des ruines et des aspects effrayants ; tantôt elles imitent une ville avec ses avenues et ses remparts élevés les uns au-dessus des autres en forme de gradins ; tantôt elles représentent d'autres objets de l'art. Leur sommet disparaît à mesure qu'on avance ; l'on ne distingue que l'entassement des blocs dont on avait mal jugé d'abord la grandeur.

La nature a donné des limites distinctes aux six vallées qui correspondent à celle du Lavedan, la plus étendue parmi les vallées du Bigorre. Chacune a son torrent qui, descendu du haut des montagnes, la traverse dans toute son étendue.

Après avoir passé le village d'Orizac, le paysage s'éclaircit, chaque petite colline offre son habitation couronnée de frênes et de châtaigniers. Les montagnes, adoucies dans leurs formes, s'écartent pour enfermer dans leur enceinte la vallée du Lavedan. On la découvre à l'est du magnifique vallon d'Argelès, assis dans la plaine et en partie sur la croupe

d'une vaste montagne, cultivée dans toute son étendue. Les pentes, ornées de chalets sans nombre,
abondent en pâturages ; vingt-deux villages isolés et
très-bien bâtis annoncent l'aisance des habitants du
pays. La direction des chaînes de montagnes et le
cours des trois branches du Gave sont autant de
lignes naturelles pour s'orienter dans les sept vallées. Ces gaves n'en forment qu'un seul près d'Argelès. Tous ces torrents, entretenus par les lacs et
les glaces des montagnes, produisent en abondance
des truites et des saumoneaux.

La Vallée d'Azun. — Située au couchant du
Lavedan, cette vallée est exposée aux lavanges et
aux éboulements du *Grand-Pic*. Le gave d'*Arrens*
la sillonne dans toute sa longueur avant de se join-
dre au gave de Bun ; il sort de la montagne de
Pierrefite, près de Gailleco.

Un pont rustique, jeté sur ces torrents, offre un
passage facile pour parvenir à l'extrémité de la vallée. De hautes montagnes en forment la limite ;
deux sentiers très-périlleux conduisent aux bains et
au lac de *Penticouse*, dans le val de Théna ; ils sont
si étroits qu'à peine si un mulet chargé peut y passer.
Parvenu au point le plus élevé, on découvre une
étendue immense coupée par des lacs ; on compte
les cabanes, et on distingue les villages de Béarn et
d'Azun.

Les montagnes de *Bun* et de *Gaillajos* enferment le lac d'*Estaigne* abondant en truites; celui d'*Artouste*, le plus considérable, et celui d'*Arrens* sont à la pointe des montagnes de ce nom; les exhalaisons méphitiques de ce dernier en écartent les troupeaux.

Deux gorges conduisent, des confluents des gaves de Baréges et de Cauterets, aux deux vallées de ce nom; on parvient à la dernière par un chemin difficile, impraticable pendant l'hiver et tracé sur des éboulements et des précipices. Quand vous avez perdu de vue Pierrefite, les monts laissent à peine un passage aux eaux du torrent. A mesure que l'œil s'accoutume à débrouiller ces masses informes, il découvre des groupes hors d'aplomb et disposés sans ordre, des roches déchiquetées, les unes tronquées, les autres en colonnes et en obélisques élancés dans les airs; les chutes d'eau et les dispositions pittoresques des nuages produisent des points d'optique admirables; la variété, le nombre, la bizarrerie même des tableaux, exaltent l'imagination la plus froide. En avançant vers Cauterets, le paysage change; des roches calcaires détachées interceptent le chemin, se joignent et ne laissent plus d'issue. Le village de *Cauterets* est placé dans un vallon solitaire, charmant dans sa rusticité; des habitations éparses l'environnent; les unes sont habitées par les troupeaux, les autres par les hommes. De longs cordons de forêts les entourent d'un filet de verdure. Les sapins et les pâturages s'entremêlent et rétrécissent l'horizon ; on reconnaît partout une culture assidue et habilement dirigée.

Douze fontaines minérales rendent la vallée de Cauterets célèbre. Le chemin du port d'Espagne vous conduit au lac de Gaube, dont la surface calme et limpide invite à une promenade sur l'eau. Une barque est toujours prête pour ce divertissement.

Le Gave, en formant plusieurs cataractes, se précipite et se fraye un passage à travers les décombres de granit qu'il entraîne jusque dans le vallon de Cauterets ; le calme profond qui règne dans ces lieux glacés n'est interrompu que par la chute des neiges et des rochers.

Baréges est à une demi-journée de Cauterets ; on revient sur ses pas jusqu'à Pierrefite. Le chemin de Baréges, en suivant, durant l'espace de trois lieues, les sinuosités d'une gorge étroite au milieu des rochers, offre les aspects les plus sauvages. Les saillies des montagnes forment une voûte impénétrable aux rayons du soleil. Vous ne voyez pas sans un sentiment de terreur les roches suspendues ou entassées les unes sur les autres menacer votre tête. On passe promptement, dans la crainte de les voir tomber d'un moment à l'autre ; il s'en détache des masses aux moindres mouvements de l'atmosphère, après les orages et le dégel. Tout est triste et lugubre dans cette contrée. Près du *pont d'Enfer*, le chemin est suspendu sur un abîme immense ; les précipices, les escarpements sont plus considérables que dans celui de Cauterets ; l'œil n'ose en sonder la profondeur. Dans ses circuits nombreux, le torrent écume et tourbillonne sous des buissons d'églantiers et de coudriers où vont se perdre, pour quelques moments, son mugissement et son cours interrompu par des blocs de granit. Souvent, l'encaissement du Gave n'est que de quelques pieds, entre deux montagnes si rapprochées qu'on le franchit sans peine. Quelques cabanes éparses et le village de Bircos, incliné sur le précipice, animent faiblement cette affreuse solitude. Attristé et presque glacé du froid qu'on y éprouve, même dans les plus grandes chaleurs, on arrive enfin au haut de la montagne, et alors se déploient la vallée de Baréges et la plaine de Luz. L'âme se dilate et n'en est que plus disposée à jouir de la vaste et superbe décoration des prairies.

Chute du Gave. — Le voyageur qui parcourt ces lieux solitaires ne doit pas quitter la vallée de Baréges sans avoir visité la chute du Gave à *Gavarnie*. Le chemin qui y conduit, toujours bordé d'un précipice, est si pénible, si étroit et même en quelques endroits si périlleux qu'on est presque obligé de voyager à pied. Depuis Saint-Sauveur, la gorge se transforme en un étroit précipice dont le torrent ravage et occupe le fond. Vous voyez deux villages, *Pragnères* et *Gèdres*, isolés et perdus dans la plus affreuse solitude. Les Pyrénées n'offrent rien de plus lugubre ni de plus sévère. Vous marchez pendant quatre heures, sur la crête des ravins formés par d'immenses éboulements, dans un silence que ne trouble aucun bruit, si ce n'est le roulement des torrents et le croassement des corneilles. Un seul chemin conduit à une chapelle déserte et comme abandonnée dans ces montagnes. Arrivé au village de *Gèdres*, on visite une espèce de caverne formée par deux rochers énormes qui se rejoignent en voûte sans se toucher, et ombragée d'une infinité d'arbustes et de lianes qui pendent en festons. Dans le fond, jaillit comme d'un escalier tournant, et se précipite sur trois degrés, une eau si transparente que l'on compte aisément les truites qu'elle roule parmi de gros bouillons d'écume. On ne sait ce qui charme le plus dans cette grotte, de sa fraîcheur délicieuse, de la tristesse mélancolique qu'inspire son obscurité, ou du doux murmure des eaux. Ce n'est qu'à regret que l'on quitte ce lieu enchanteur.

En poursuivant la route de Gavarnie, on se trouve bientôt entouré d'un amas prodigieux de rochers carrés de quinze à vingt mètres sur toutes les faces, et dont un seul suffirait pour bâtir une maison. Ce lieu sauvage, très-bien nommé le *Chaos*, est d'une beauté imposante et effrayante à la fois ; les plus grosses pierres occupent le lieu que l'on distingue par le nom de *Grand-Chaos*. On y voit des masses de trois à dix mille mètres cubes ; un de ces rochers, le Raillé, ou pierre de Notre-Dame, jouit d'une espèce de vénération dans le pays ; et les pèlerins, après avoir visité la chapelle qui est au fond de ce désert, font leur prière au pied de ce rocher, ou dessus, s'ils ont le courage de l'escalader. L'étonnement augmente à la vue des tours de Marboré, du Pré-Blanc, de la Brèche-de-Roland, de Néouvieille, de Vignemale, dont les cimes glacées, les plus élevées de toute la chaîne, sans excepter le pic du Midi, se perdent dans les nues et ne sont accessibles que du côté de l'Espagne. Mais combien Gavarnie est au-dessus de tout cela ! Aux yeux des naturalistes, il n'est aucun spectacle aussi imposant ; aucun paysage ne s'annonce avec autant de grandeur et de majesté que l'enceinte de Gavarnie ; un seul de ses effets bizarres et sublimes, qu'on rencontre à chaque pas sur la route, suffirait pour donner de la célébrité à tout autre pays. On arrive enfin à Gavarnie ; cette montagne qu'on découvre de si loin, qui fuit lorsqu'on croit la toucher, et dont la cime, élevée de plus de quatorze cents toises (deux mille sept cent trente mètres) au-dessus du niveau de la mer, sépare la France de l'Espagne ; on se croit tout à coup jeté dans un désert, loin du monde habité. Figurez-vous un vaste amphithéâtre de rochers perpendiculaires, dont les flancs nus et horribles présentent à l'imagination des restes de tours et de fortifications, et dont le sommet, ruisselant de toutes parts, est couvert d'une neige éternelle, sous laquelle le Gave s'est frayé une route. L'intérieur de l'enceinte est jonché de décombres et traversé par des torrents. En pénétrant dans l'enceinte qui autrefois était un grand lac dont les eaux ont rompu les digues et ont donné cours au Gave, on jouit d'un coup d'œil certainement unique dans son espèce. On voit le Gave sortir du lac du mont Perdu, se précipiter, près du vieux pont et de ces éternels glaciers, dans l'enceinte de Gavarnie, de plus de cent mètres d'élévation, et se partager ensuite en sept arcades. La plus belle est à gauche. Elle tombe d'une hauteur si prodigieuse et si détachée du roc qu'elle ressemble à une longue pièce de gaze d'argent ou à un nuage délié qui glisse dans les airs ; elle en a l'ondulation, l'éclat et la légèreté. L'eau, dissoute en brume et frappée des rayons du soleil, forme une infinité d'arcs-en-ciel qui se multiplient, se croisent et disparaissent selon la rencontre des divers rejaillissements ; elle répand, en tombant, une rosée extrêmement fine. L'air d'alentour est si froid que le voyageur est obligé de se couvrir promptement et de boire quelque liqueur spiritueuse. On voit ensuite fuir, sous un pont de neige, ce Gave, qui d'abord, faible ruisseau, murmure à peine, tout d'un coup se grossit, prend une couleur d'azur foncé, s'élance des rochers, entraîne, en grondant, les débris des bois et des monts, et menace d'ensevelir la contrée. De loin s'élèvent le Marboré avec ses crêtes bleuâtres et le mont Perdu, si longtemps réputé inaccessible.

Grotte de Biarritz. — Ces grottes se trouvent auprès du gros bourg maritime de Biarritz, peuplé de deux mille sept cent soixante-dix habitants, à neuf kilomètres au sud-ouest de Bayonne. Elles sont situées sur la côte qui, en général, est très-enfoncée ; la marée y monte très-haut, et les vagues, poussées par les vents du nord et de l'ouest et brisées par les écueils, y produisent sans cesse un fracas épouvantable ; leur poids et leur agitation continuelle ont déchiré et creusé de toutes les façons le sol contre lequel elles exercent leur fureur ; les débris entassés et renversés les uns sur les autres ont formé des masses d'un aspect imposant et varié. Les uns ressemblent à des tours antiques ou à des ruines d'édifices ; d'autres, à des monts isolés ; des ponts naturels, d'une structure hardie, réunissent souvent ces amas épars ; on croirait voir le champ de bataille des Titans et leurs tombeaux, si l'écume, poussée avec force dans les cavités de ces rocs, ne venait animer la scène en retombant comme de la neige sur les flots qui les font naître. Un grondement sourd, causé par les chocs dont le bruit se répète au-dessous de l'eau, rend cette scène encore plus imposante. Les rochers contre lesquels la mer agit avec tant de violence méritent de fixer l'attention sous un autre rapport : composés de sable jaunâtre très-fin, fortement aglutinés, ils renferment une prodigieuse quantité de pierres numismales, très-blanches, très-petites, dispersées sans ordre. On a de la peine à concevoir comment le sable peut lier ces petites pierres d'une manière assez forte pour que leur masse résiste si longtemps aux vagues, aux vents et aux variations de la température.

La base des rochers de Biarritz abonde en plantes marines. Des *zoophytes*, des radiaires, des mollusques variés se joignent et promettent au naturaliste d'abondantes récoltes. Dans les cavités où la marée laisse de l'eau salée, il est sûr de découvrir des productions inconnues ou du moins mal observées.

Parmi toutes les grottes de ces lieux, la chambre d'*Amour* est la plus vaste et la plus connue ; sa forme représente un demi-cercle grossièrement tracé, de trente-six à quarante mètres de diamètre, sa plus grande hauteur à l'entrée est de cinq à six mètres ; cette hauteur diminue graduellement jusqu'au fond de la grotte où la voûte touche le sol ; il y filtre continuellement de l'eau, et la surface de la voûte est tapissée d'une pâte humide. La grotte s'encombre peu à peu de sable, et la basse mer en permet aujourd'hui l'entrée pendant les trois quarts de l'année ; il est probable qu'un jour elle disparaîtra entièrement. Il n'y a peut-être pas trois siècles qu'elle formait une haute et vaste avenue toujours baignée des eaux de l'Océan. Au-dessus de la chambre d'Amour croissent une foule de plantes curieuses, telles que le rosier à feuilles de pimprenelle, l'œillet gaulois, l'astragale bayonnais, le muflier à feuilles de thym et le lin maritime.

La célébrité de Biarritz n'est pas dans ces merveilles, mais elle est tout entière dans son établissement de bains de mer qui, chaque année, attire dans ce charmant bourg un grand nombre de personnes qui viennent, pendant la belle saison, prendre des bains de mer.

SAONE (HAUTE-).

Le Frais-Puits. — Dans une montagne près de Frotté, à quatre kilomètres de Vesoul, s'ouvre

une caverne d'environ quatre-vingt-dix pieds de largeur sur environ cent vingt de profondeur. Au fond
est un gouffre étroit, le *Frais-Puits*, d'où il ne sort
ordinairement qu'un mince filet d'eau; mais lorsqu'il
a plu plusieurs jours de suite, on voit l'eau monter,
remplir le puits et la caverne, s'élancer jusqu'à vingt-
cinq et trente pieds au-dessus et inonder les campagnes voisines.

L'histoire rapporte qu'en 1557, une armée allemande, forte de dix mille lansquenets et douze cents
reitres, se trouvant de passage près de Vesoul, vint
assiéger la ville. Ils étaient prêts à monter à l'assaut,
lorsque *Frais-Puits* se mit subitement à vomir tant
d'eau, qu'en moins de six heures toute la campagne
en était couverte, ce qui contraignit fortement l'armée
allemande qui fut forcée d'évacuer la place. Les soldats
croyaient que les habitants avaient en leur puissance
quelque cataracte, par la levée de laquelle on pou-
vait inonder la campagne et noyer tous ceux qui
se trouveraient sur cette dite campagne. Vesoul n'a
donc dû son salut qu'au courage de ses habitants et
à l'action de cette source que l'on ne peut qualifier
de périodique, puisque cette augmentation du volume d'eau n'a lieu qu'après plusieurs jours de
pluie.

SAVOIE.

Montagnes des Alpes. — Les Alpes, les plus hautes montagnes de l'Europe, s'étendent du lac Léman à la Méditerranée, durant l'espace de six cents kilomètres, dans la direction uniforme du nord au sud; on distingue quatre chaînes : les Alpes Grées, les Alpes Pennines, les Alpes Cottiennes et les Alpes Maritimes. Les Alpes Pennines et les Alpes Grées sont, en majeure partie, situées dans le département de la Haute-Savoie. Les sommets de cette chaîne, dont les hauteurs varient de deux à quatre mille mètres, possèdent parmi eux le Mont-Blanc, dont la cime élevée, qui a une hauteur de quatre mille huit cent dix mètres au-dessus du niveau de la mer, forme le sommet principal de toute la grande chaîne des Alpes. « Le Mont-Blanc, solitaire dans son auguste majesté, dit M. Élisée Réclus, est séparé des montagnes environnantes par des vallées profondes qui s'épanouissent autour de lui et par des cols élevés de deux mille deux cents à deux mille sept cents mètres au-dessus du niveau de la mer; inférieurs par conséquent de deux mille quatre cents, en moyenne, à l'énorme pic qui les domine. Aussi aucun puissant contre-fort ne s'appuie sur le géant des Alpes lui-même ; tous les monts se tiennent à distance comme pour lui composer une cour de sommets secondaires. »

Outre le Mont-Blanc, cette chaîne présente encore des sommets dont la hauteur, quoique beaucoup moindre, est encore supérieure à 3,000 mètres. Ce sont : l'aiguille de l'Argentière 3,927 mètres, la dent de Buet, 5,109 mètres, l'aiguille de la Tour 3,495 mètres, et l'aiguille Verte, 4,081 mètres. Entre ces hauteurs existent des cols ou défilés dont les principaux sont : le col de Balme, pratiqué à une hauteur de 2,199 mètres, conduisant de Chamonix à Martigny, dans le Valais ; le col de la Seigne, dont la hauteur est de 2,487 mètres, conduisant de la Savoie dans la vallée d'Aoste ; ces deux cols sont, sur la frontière, les passages les plus fréquentés par les voyageurs. Comme la chaîne des Alpes offre une pente beaucoup plus abrupte sur le versant qui regarde l'Italie, ces passages se ressentent de cette disposition topographique, et leurs pentes sont bien moins escarpées du côté de la France que du côté de l'Italie.

Les glaciers de cette partie de la chaîne se rencontrent à une hauteur moyenne de deux mille quatre cents mètres. Cependant, dans certaines dispositions, il n'est pas rare de les retrouver à une hauteur de douze cents mètres. Leur longueur varie avec la largeur, et les plus grands n'ont pas moins de vingt kilomètres de long sur six de large. Parmi ceux-là, on remarque la *mer de glaces*, échantillon le plus curieux de ces grands réservoirs des eaux de l'Europe. Ce glacier reçut pour la première fois par M. de Saussure ce nom si bien mérité ; il n'est pas de touriste qui, dans sa visite dans la vallée de Chamonix, ne l'ait franchie, quoique aujourd'hui le trajet présente de jour en jour de plus grandes difficultés à cause des *crevasses*, des *rimages* et des *entonnoirs* qui s'y forment. Aux pieds de ces glaciers et sur leurs bords s'amoncellent des amas de roches, de sables et des débris de toutes natures ; ce sont les *moraines* produites par l'éboulement des montagnes qui les dominent. Quelquefois, au printemps, ces éboulements, sur de plus grandes proportions, concourent, avec les avalanches et les tourmentes de neige, aussi terribles dans ces contrées que dans les Pyrénées, à combler les vallées les plus étroites et les cols qui les mettent en communication. Tout chemin disparaît bientôt sous un amas informe de terre, de roches, de neige et de blocs de glace ; malheur alors au pauvre voyageur qui n'a pas pu trouver un sûr abri et un guide habile !

Aux Alpes Grées succèdent les Alpes Cottiennes. Cette chaîne est entièrement située dans le département de la Savoie ; si l'on en excepte le Mont-Blanc ; les sommets de cette chaîne surpassent en hauteur ceux des Alpes Grées et des Alpes Pennines. Avant d'entrer dans aucun détail concernant les Alpes Cottiennes, nous devons citer encore plusieurs pics élevés appartenant aux Alpes Grées, et situés dans le département de la Savoie. Le mont Iseran, dont l'altitude est de quatre mille quatre cent cinq mètres, est tellement environné de montagnes à peu près égales en hauteur, qu'il est à peine visible de la plupart des vallées qui s'ouvrent à sa base. Ce mont est l'un des nœuds de montagnes les plus remarquables de tout le système des Alpes ; il projette à la fois vers tous les points de l'horizon des chaînes dont les cimes atteignent uniformément une hauteur de plus de trois mille mètres. Après le mont Iseran, on distingue, encore appartenant à la même chaîne, la roche Michel, sommet du mont Cenis, élevée de trois mille neuf cent quarante trois mètres, et le mont Valaisan qui a une hauteur de trois mille trois cent trente-deux mètres.

Aux Alpes Cottiennes appartient le mont Thabor, dont l'altitude est de trois mille cent quatre-vingts mètres. Cette chaîne possède plusieurs passages ou cols par le moyen desquels la France communique avec le Piémont ; ceux du mont Cenis et du petit Saint-Bernard sont seuls praticables pour les voitures; ceux de la Rue de Fréjus et du petit mont Cenis peuvent être franchis à dos de mulet pendant deux ou trois mois de l'année; les autres cols qui existent encore n'offrent guère qu'un sentier difficile et souvent dangereux.

Les Alpes Cottiennes projettent, sur la surface du département de la Savoie, un grand nombre de chaînes et contre-forts entre lesquels existent des vallées profondes dans lesquelles on ne pénètre, la plupart du temps, que par d'étroits passages, des cols, des défilés souvent impraticables dans la mauvaise saison. Les villes, les bourgs, les grands centres d'habitation se montrent principalement dans les vallées les plus étendues, et en première ligne, celles où coulent le Rhône, l'Isère et l'Arc. Les villages deviennent plus rares, au fur et à mesure que l'on s'élève; aux champs cultivés, aux vergers succèdent d'abord les pâturages et les forêts. On ne voit çà et là que de misérables chalets habités seulement pendant la belle saison; enfin apparaissent les roches couvertes de la maigre végétation des lichens, puis commence, à environ trois mille mètres, l'empire des neiges éternelles et des glaciers.

De ces montagnes coulent des ruisseaux et des torrents toujours alimentés par les pluies ou la fonte des neiges; ils descendent avec une telle rapidité de leurs gorges de montagnes, qu'ils donnent peu de prise à l'évaporation. La plupart d'entre eux sont redoutables à quelques pas de leur source.

« Leurs eaux bondissantes, dit M. Élisée Réclus, minent et dissolvent les rochers, déblayent les moraines, réduisent en sable le roc vif de leurs rivages, entraînent dans leurs cascades les blocs apportés par les avalanches de pierres, et les entasse en plages énormes tout le long de leurs cours. Quand des trombes éclatent dans les montagnes pendant les fortes chaleurs, et que la fonte rapide des neiges coïncide avec de violentes averses, alors chaque gorge donne naissance à un torrent dévasteur poussant devant lui une barre flottante de pierres et de débris : le torrent principal, enflé tout à coup, double de vitesse, dévore en passant les ruisseaux qui s'y jettent, les talus de pierres qui s'y écroulent, et, ramassant en une immense vague toutes les eaux, tous les rochers, tous les sables que contient son lit, s'abat comme une avalanche sur les plaines situées au bas de la montagne. En un instant toutes les campagnes sont couvertes ; les bestiaux qui ne se sont pas enfuis en entendant le grondement sourd, précurseur de l'inondation, sont engloutis ; tous les travaux de l'homme disparaissent sous des champs de galets. » Voilà à quoi sont exposées la plupart des vallées formées par les ramifications de la chaîne des Alpes.

Les Alpes Maritimes succèdent aux Alpes Cottiennes, elles se développent sur une longueur de deux cents kilomètres, du mont Viso au col de Cadibonne ; leur altitude ne dépasse pas huit cents à mille mètres en moyenne, et elles ne gardent les neiges de l'hiver que dans certaines expositions. Cette chaîne projette, dans le département auquel elle donne son nom, plusieurs chaînes de montagnes qui forment entre elles des vallées longitudinales étroites, dont les dernières pentes descendent en gradins vers la côte, et ont leur pied baigné par la Méditerranée. Ces montagnes sont peuplées de gras pâturages et de belles forêts ; elles possèdent un grand nombre de cols qui unissent les vallées entre elles.

La chaîne principale des Alpes donne naissance à deux contre-forts principaux qui vont porter leurs ramifications dans plusieurs départements circonvoisins. Ces contre-forts sont connus sous le nom d'*Alpes du Dauphiné* et d'*Alpes de Provence*. Les Alpes du Dauphiné, dont les hauteurs varient de deux mille cinq cents à trois mille neuf cents mètres, couvrent de leurs ramifications le sol du département de l'Isère et une partie de ceux des Hautes-Alpes et de la Drôme. Ce sont ces mêmes ramifications qui, aux environs de Grenoble, forment les gorges sauvages affreuses et solitaires de Voreppe et de la Grande-

Chartreuse. Malgré l'élévation de ces chaînons, l'industrie humaine a su se tracer des passages à travers ces hautes barrières que la nature semblait avoir placées là pour isoler les hommes. Aussi, dans certains endroits, le voyageur n'est-il pas surpris de voir au-dessus de sa tête des rochers nus et arides qui semblent toujours prêts à s'écrouler. C'est en parcourant ces montagnes que l'on voit une industrie digne de tout éloge et tracée par les habitants de ces parties montueuses ; ils coupent leurs montagnes en étages successifs, soutenus par des murs de pierres sèches, et ils y transportent de la terre en quantité suffisante pour donner lieu à la végétation des céréales. La culture cesse complétement à la hauteur de quatorze à quinze cents mètres, et les bois ne croissent plus qu'avec une extrême difficulté.

Les Alpes de Provence couvrent de leurs ramifications, en grande partie, les départements des Hautes et Basses-Alpes ; elles présentent des caractères aussi agrestes et sauvages que les Alpes du Dauphiné, mais leurs élévations, quoique sur certains points atteignant encore de deux à trois mille mètres, forment entre elles des vallées plus fertiles et plus spacieuses. Avec cette disposition topographique, le département des Basses-Alpes est encore mieux partagé que celui des Hautes-Alpes. On y trouve de hautes montagnes et des vallées agrestes et

profondes qu'arrosent des eaux limpides. Là, s'é-
tendent des plaines ornées de toutes les richesses des
cultures méridionales; plus haut, verdoient des pelouses émaillées de fleurs et peuplées de plantes
aromatiques et méridionales. C'est un plaisir de
voir dans la belle saison, sur les pentes des montagnes et à des époques périodiques, les marchands
de vulnéraires dits vulnéraires suisses, qui établis-
sent en plein air leurs ateliers de distillation pour
extraire l'huile essentielle du thym, de la lavande et
des autres plantes aromatiques. C'est sur ces montagnes que viennent chaque année, paître les riches
prairies naturelles dont elles sont pourvues, les
nombreux troupeaux circonvoisins connus sous le
nom de *transhumants*. Ces montagnes sont connues
sous le nom de montagnes *pastorales*.

« Les montagnes pastorales nourrissent annuel-
lement quatre cent mille moutons transhumants
qui, pendant l'été, abandonnent les immenses
plaines de la Crau et de la Camargue Ces moutons, divisés par troupeaux d'environ deux mille
têtes, ne font que douze à seize kilomètres par jour,
encore leur marche se trouve-t-elle partagée par une
station. Leur marche, toujours uniforme, s'annonce
par le bruit d'énormes sonnettes suspendues au cou
des boucs qui précèdent et conduisent les troupeaux;
ces animaux portent la tête haute, étalent des cornes

contournées et dans les plus grandes proportions, font parade d'une barbe qui leur descend jusqu'aux genoux, et semblent fiers des fonctions qui leur sont déléguées. Arrivent-ils devant un torrent, sont-ils barrés par un obstacle quelconque, on les voit s'arrêter et ne reprendre leur marche que lorsque l'ordre d'un berger ou les cris des chiens les ont rassurés sur le danger et leur ont démontré la nécessité de le braver : alors ils s'élancent avec courage et ébranlent toute la masse qui suit scrupuleusement tous leurs pas... »

Les bergers, vêtus d'une longue casaque, couverts d'un chapeau rabattu et armés d'un long bâton ferré, stimulent les traînards. A leurs côtés, sont leurs fils, qui font la route à pied dès qu'ils ont atteint l'âge de cinq ou six ans ; sur leurs flancs, sont de très-gros chiens, qui courent sans cesse de la queue à la tête et font rentrer dans la ligne les moutons qui s'en écartent. La marche se termine par les mères, les jeunes filles et les enfants en bas âge ; ces femmes conduisent des troupeaux d'ânes, qui portent les enfants trop petits pour marcher, les agneaux qui naissent dans la marche, les bagages, les vases pour traire le lait, et enfin tous les ustensiles nécessaires pour la confection du fromage et du beurre. Arrivés sur les montagnes, les bergers et leurs troupeaux se distribuent par quartiers les pâturages immenses qui existent sur les sommets; ils suivent leurs troupeaux nuit et jour, et veillent sans cesse avec leurs chiens pour les garantir des loups, très-communs dans ces contrées. Le bayle ou chef habite une cabane centrale d'où il peut tout diriger. Les femmes, les enfants, les vieillards, ont pour demeure une espèce de chaumière renfermant les bagages, les ustensiles de ménage, les provisions et la paille, lit commun de toute la famille. »

(Girault de Saint-Fargeau. Dictionnaire des Communes de France.)

SAVOIE (Haute-).

Vallée de Chamonix. — Chamonix est un charmant village peuplé de deux mille trois cent quatre habitants, du canton de Saint-Gervais, arrondissement de Bonneville. Il doit sa célébrité à sa superbe vallée, située à mille mètres environ au-dessus du niveau de la mer, qui s'étend, dans la direction du nord-est au sud-ouest, le long de l'Arve qui l'arrose sur une longueur de trente à trente-cinq kilomètres Elle est pourvue de curiosités sans nombre qui sont toutes dignes des regards du voyageur; les principales sont : la source de l'Aveyron, le Montanvert, le Jardin, le Chapeau, les Posettes, la Plégère, le Brévent, le glacier des Bossons, les cascades des Pèlerins et du Dard, les mines du Coupeau, la montagne de la Côte, le glacier d'Argentières, les Aiguilles, le Buet, le Mont-Blanc. Il faudrait, pour énumérer toutes ces curiosités et en donner une description partielle, des volumes entiers, car tant de merveilles renfermées dans un petit volume ont chacune une description trop courte qui, quelquefois, laisse le lecteur dans le désir de connaître en entier tous les éléments qui les composent. Cependant il en est une que nous ne passerons pas sous silence, son nom et sa renommée sont trop connus pour qu'elle n'ait pas sa place dans notre cadre tout rétréci de cet ouvrage ; c'est le *Mont-Blanc*, le géant des Alpes, qui porte sa tête dans les nues à une hauteur de quatre mille huit cent dix mètres au-dessus du niveau de la mer ; c'est, comme on le sait, la plus haute montagne de notre vieille Europe, et à peine dépasse-t-elle la moitié de la plus haute montagne mesurée du globe, le mont Everest, qui a huit mille huit cent trente-sept mètres d'altitude.

C'est de Chamonix qu'on part généralement pour tenter l'ascension du *Mont-Blanc*. Cette haute montagne fut gravie pour la première fois en 1786, par le docteur Paccard et Jacques Balmat, de Chamonix. L'année suivante, de Saussure y monta avec dix-sept guides et y fit d'intéressantes observations mé-

téorologiques. Depuis cette époque, un grand nombre de voyageurs ont tenté et sont venus à bout
d'exécuter encore cette ascension ; parmi eux on remarque les noms de trois femmes : une paysanne
de Chamonix, nommée Marie Paradis, en 1809 ;
mademoiselle Henriette d'Angeville, Française, en
1838, et mistress Hamilton, Anglaise, en 1854. Ces
ascensions, très-difficiles et très-périlleuses il y a peu
de temps encore, se font maintenant avec beaucoup
moins de fatigues et de dangers. Lorsqu'on approche
du sommet, la pente devient comparativement douce,
mais la respiration est pénible, le pouls s'accélère
sensiblement, on perd l'appétit et on éprouve une
envie de dormir presque irrésistible ; on est si
facilement essoufflé qu'il est impossible de faire un
grand nombre de pas sans s'arrêter ; certains voyageurs ne vont pas au delà de vingt-quatre, mais il
n'y en a pas qui fassent de suite cent cinquante pas.
A son sommet, le Mont-Blanc est comme arrondi en
forme de dos d'âne ; il a environ deux cents pas de
long et un mètre de large au point culminant. Du
côté de l'est, la pente s'adoucit en descendant, tandis
que, du côté de l'ouest, elle prend la forme d'une arête
aiguë. Le panorama qu'on découvre de cette élévation est immense ; malheureusement, à moins de
jouir d'un temps exceptionnellement beau, les objets, en général, paraissent un peu confus. On ne

voit distinctement que les grandes masses de montagnes, telles que la chaîne du Jura, les Alpes Suisses, les Alpes Maritimes et les Apennins. Les guides, compagnons indispensables dans cette périlleuse excursion, forment une corporation à laquelle une loi du 11 mars 1852 a imposé certains règlements.

Grotte de Cluses. — Cluses est un bourg peuplé de mille six cent vingt-cinq habitants, du canton et arrondissement de Bonneville. On remarque l'entrée de cette caverne près de Cluses, au-dessus du hameau de *Balme*; elle est située au milieu des escarpements des couches horizontales d'une montagne calcaire. On y parvient par un chemin tracé en zigzag à travers les broussailles et par un escalier extérieur tracé dans le roc; l'entrée est une voûte circulaire d'environ trois mètres de haut sur vingt mètres de large. Le fond est presque horizontal; la hauteur, la largeur, la forme des parois, varient beaucoup.

Sa profondeur est d'environ quatre cents pas. A cette distance, la grotte se resserre tellement que l'on ne peut pas pénétrer plus avant. A trois cent quarante pas se trouve un puits très-profond; si l'on y fait éclater une grenade, elle produit un effet prodigieux. Les voyageurs se font ordinairement arrêter dans une auberge où, moyennant une légère rétribution, on tire un ou deux coups de canon; on éveille ainsi les échos des montagnes voisines qui répercutent le son avec une remarquable intensité.

TARN.

Le Rocher Tremblant. — Ce rocher, dont la propriété singulière attire depuis longtemps l'attention des voyageurs, est situé à une lieue de Castres, sur la route d'Alby à Carcassonne. Il est placé dans un lieu nommé la *Roquette*, à cause de la quantité de rochers qui y sont disséminés. Parmi ces rochers énormes, dont les angles extérieurs sont arrondis, on en voit qui sont rompus par quartiers, les uns inclinés vers l'horizon et les autres parallèles aux terrains qui leur servent d'appui.

Le rocher Tremblant a une forme irrégulière qui ressemble assez à celle d'un œuf aplati ; il est situé près du faîte et sur le penchant d'une montagne, et repose sur le bord d'un rocher beaucoup plus gros et incliné d'environ six pouces. La plus grande circonférence du rocher Tremblant, prise dans la partie moyenne de sa hauteur, est de huit mètres soixante-dix centimètres ; le tout forme une masse de quarante mètres cubes dont on évalue le poids à six cents quintaux. Il porte sur le petit bout et n'a presque d'autre point d'appui qu'une ligne qui va du levant au couchant. La pierre dont il est formé est dure et compacte. Le rocher se meut visiblement lorsqu'une certaine force, telle que celle d'un homme, lui est appliquée du midi au nord. On appuie un bâton ou un autre corps quelconque contre la partie méridionale, et on le pousse à plusieurs reprises, aussitôt le rocher commence à balancer. Une force légère suffit alors pour lui conserver ses balancements et ses vibrations tant que l'on veut; mais, pour le mettre en mouvement, il ne faut pas moins que toute la force d'un homme. Cette particularité, prouvée par des essais répétés, contredit l'opinion du vulgaire qui soutient que la moindre action, celle du vent même, suffit pour produire ce balancement.

Ce n'est pas le seul phénomène de ce genre que l'on trouve en France. Près d'*Uchon*, dans le canton de Montcenis (Saône-et-Loire), on voit également un rocher mouvant planté dans la partie la plus rapide de la montagne. Il a vingt-huit pieds de tour et sept de hauteur. Le sommet est plat, et dans sa circonférence, il présente six faces inégales. La base, de figure ovale, est fixée, sur une pierre unie, par un pivot d'une forme si particulière que la moindre impulsion, les efforts d'un enfant même suffisent pour le mettre en mouvement.

Grotte de Saint-Dominique. — L'endroit

dont nous venons de parler renferme une seconde curiosité non moins remarquable que la précédente: c'est la *grotte de Saint-Dominique*, ainsi nommée parce qu'elle a servi de retraite à ce saint. Elle est située au pied même de la montagne où est le fameux rocher Tremblant.

L'entrée est une ouverture irrégulière de quatre ou cinq pieds de haut sur trois ou quatre de large. Comme elle est fort basse, il faut se coucher pour y entrer; mais à mesure que l'on y avance on la voit s'élargir. L'intérieur ressemble à un salon assez vaste. Le dessus est voûté en berceau, et les côtés sont formés de masses énormes de rochers dégarnis de terre qui se prêtent un appui mutuel. Le jour y entre par deux ouvertures et y répand une douce lumière. On y marche sur des rochers entassés les uns sur les autres et formant un espèce de pavé fort irrégulier et très-raboteux.

Au fond de la grotte, on voit une ouverture semblable à celle qui sert d'entrée; elle conduit à des caves d'une vaste étendue; elles ne sont point éclairées comme la première; aussi, pour les visiter, il faut se munir de flambeaux. Les objets les plus curieux de ces cavernes sont des rochers qui ont presque tous la figure d'un sphéroïde allongé et qui sont rangés de façon à former une voûte, qui paraît être l'effet de l'art plutôt que celui de la nature. Ces rochers énormes, dont quelques-uns ont jusqu'à quatre mètres de diamètre, ne sont unis par aucun ciment ; dégarnis de terre de tous les côtés, ils ne se soutiennent que par leur contact. La chaîne qu'ils forment, vue en dehors, est un spectacle frappant ; car elle suit la direction des montagnes qui sont dans le voisinage et en imite visiblement la pente.

VAUCLUSE.

Fontaine de Vaucluse. — La source de Vaucluse, qui donne son nom au département, est célèbre dans le monde entier depuis que Pétrarque a illustré dans ses beaux vers cette superbe fontaine, et qu'il a mêlé ses larmes de poëte à ses eaux limpides. Elle est située à deux kilomètres du petit village de Vaucluse, du canton de l'Isle, dans l'arrondissement d'Avignon ; elle occupe le fond d'une vallée sauvage fermée de tous côtés par des roches, à l'exception d'un étroit défilé qui y conduit. Au bas de l'immense escarpement qui la domine, on aperçoit une vaste et profonde caverne, d'où s'échappent, en mugissant, les eaux de la Sorgue, avec une telle abondance qu'elles peuvent porter bateau presque en sortant du rocher.

Quand cette source est dans son état ordinaire, l'eau s'échappe, par des conduits souterrains, jusqu'à son lit ; mais après de grandes pluies, elle s'élève au-dessus d'une espèce de môle qui est devant l'antre, et y forme un bassin dont la surface est unie comme la glace ; elle se précipite ensuite avec un bruit affreux à travers les débris des rochers, les blanchit de son écume et semble faire des efforts pour fuir vers l'endroit où, ne trouvant plus d'obstacle, elle prend un cours paisible et tranquille. Un auteur a dit : « Je l'ai vue dans cet état, et il faut avouer que le bruit de l'eau répété par l'écho, l'écume bondissante, la solitude du lieu, l'aridité et la hauteur du rocher, les blocs énormes qui, étant déjà séparés de la masse par de nombreuses crevasses, sont suspendus sur votre tête, font une impression sur l'âme qu'il faut avoir éprouvée. » L'eau de cette fontaine est claire et pure comme le cristal, cependant elle ne vaut rien pour boire.

YONNE.

Les Grottes d'Arcy. — Les célèbres grottes d'Arcy sont situées sur les bords de la Cure, à huit kilomètres au sud de Vermanton. Ces grottes sont une suite continuelle de vastes salles, de passages

étroits, de cabinets, de galeries. Les stalactites, formées de congélations qui ont la beauté du marbre et
la dureté de la pierre et qui, exposées à l'air, ne perdent rien de ces qualités, offrent les formes les plus
variées et les plus bizarres ; on y voit toutes les figures imaginables ; les jeux d'orgues se rencontrent
le plus souvent et font le plus d'illusions. On peut
parcourir en totalité, sans revenir sur ses pas, ces
grottes, par la continuité des communications inté-
rieures. Près de l'entrée se trouve un petit lac.

FIN.

TABLE DES MATIÈRES

CONTENUES DANS CE VOLUME

CORRÈZE.

DORDOGNE.

DOUBS.

GARD.

GIRONDE.

HÉRAULT.

INDRE-ET-LOIRE.

ISÈRE.

JURA.

SAVOIE.

SAVOIE (Haute-).

TARN.

VAUCLUSE.

YONNE.

FIN DE LA TABLE DES MATIÈRES.

PARIS. — IMPRIMERIE ÉDOUARD BLOT, RUE SAINT-LOUIS, 46.

SOUS PRESSE :

LA FRANCE MODERNE

GÉOGRAPHIE DE L'EMPIRE FRANÇAIS

DU MÊME AUTEUR

Beau volume contenant 500 pages de texte. Prix : 5 fr.

PARIS. — IMP. ED. BLOT, RUE SAINT-LOUIS, 45.

9 782329 238753